Wolfgang Müller-Fehrenbach

Blicke aus dem Riesenrad

© Bernd Kern

Wolfgang Müller-Fehrenbach, 1941 in Konstanz geboren, ist seiner Heimatstadt seit seiner Kindheit aufs Engste verbunden. Hier absolvierte er auch seine Schulzeit. Seine berufliche Laufbahn als Pädagoge führte ihn bis zum Amt des Oberstudiendirektors und Gesamtleiters des Schulverbunds Geschwister-Scholl-Schule. Mit 30 Jahren wurde er in den Gemeinderat gewählt und übernahm über Jahrzehnte mit Zielstrebigkeit und nimmermüdem Ehrgeiz zahlreiche öffentliche Ämter. Lange Jahre war er geschäftsführender Vorsitzender des Sinfonischen Chors Konstanz, war Gründer und Vorsitzender des Freundeskreises der Philharmonie sowie Initiator des Vereins Petershauser Orgelkultur. Von 1973 bis 2024 war Wolfgang Müller-Fehrenbach im Konstanzer Kreistag zuständig für Kultur und Schulen. Als Aufsichtsratsvorsitzender der Caritas begleitet er deren vorbildliches Engagement. Für seine Verdienste erhielt er zahlreiche Auszeichnungen wie zum Beispiel das Bundesverdienstkreuz Erster Klasse (2012) und zuletzt im Juli 2024 den Ehrenring des Landkreises Konstanz.

Seine Leidenschaft für das Schreiben seit seiner Jugend befähigt ihn gleichzeitig zum aufmerksamen Beobachter, der seine Eindrücke und Erlebnisse mit scharfem Blick in Verse verwandelt. Mit diesem zweiten Gedichtband setzt er nun seine poetischen Wortschöpfungen fort, während der erste Band inzwischen häufig als stimmungsvolles Vortragsbüchlein in geselligen Runden beliebt ist.

Wolfgang Müller-Fehrenbach

Blicke aus dem Riesenrad

Alemannische und
hochdeutsche Gedichte
vom Bodensee

Mit einem Vorwort von Tobias Engelsing
Illustrationen von STERO Stefan Roth

 **GMEINER** studio

Stadt Konstanz
Kulturamt

Die automatisierte Analyse des Werkes, um daraus Informationen insbesondere über Muster, Trends und Korrelationen gemäß § 44b UrhG (»Text und Data Mining«) zu gewinnen, ist untersagt.

Bei Fragen zur Produktsicherheit gemäß der Verordnung über die allgemeine Produktsicherheit (GPSR) wenden Sie sich bitte an den Verlag.

Besuchen Sie uns im Internet:
www.gmeiner-verlag.de

© 2025 – Gmeiner-Verlag GmbH
Im Ehnried 5, 88605 Meßkirch
Telefon 07575 / 2095-0
info@gmeiner-verlag.de
Alle Rechte vorbehalten
1. Auflage 2025

Redaktion: Anja Sandmann
Lektorat: Gisela Auchter
Korrektorat: Anna Hildebrandt
Herstellung: Julia Franze
Illustrationen: STERO Stefan Roth
Umschlaggestaltung: Veronika Buck
unter Verwendung einer Zeichnung von: STERO Stefan Roth
Druck: Florjančič tisk d. o.o., Maribor
Printed in Slovenia
ISBN 978-3-7801-3511-7

Für Christa

Inhalt

VORWORT

Ein poetisch begabter Menschenfreund 11

Uff em Rieserad 14

JAHRESLAUF

Liechtmess-Wetter 17

De Friehling kummt 19

De Mai isch do 20

En Junischtich mit Folge 21

Juli am Bodesee 22

Auguscht 23

S goht de Bach nab 24

Septemberlichtle 25

Im Oktober 26

Warte uf d Herbschtsunne 27

Herbschtepfel 28

November 29

S Schneedrama 30

En bsundre Advent 32

De Chrischtbomm un s Klima 33

Schä, dass Weihnacht isch 35

Dezembernacht 36

Adee, Bomm 37

Silveschter 39

BALLADEN

Hoorige Corona-Zeite 41

Etz bin i gimpft 42

Nint bassiert? 43

Bisch scho buuschteret? 44

D Kehrwoch am Firschteberg 46

Dante Guschtl 47

D Räuber in Konschtanz 51

D Fisioderabie im Baradies 52

De Mandatsträger 54

Vier Schlaule am Seerhei 56

Uf em Debele 59

D Johresendzeit 61

Im Boot 63

Schtrampelrad 64

D KONSCHDANZER MESS

Luftballon adee 67

Wilde Buebe 68

Im Kettekarussell 70

S Orcheschtrion 71

Seifebloose 73

Sehnsuchtsbolle-Zuckerwatte 74

Schießbude 75

BLUMENWIESE

Schmetterling 77

Gladiole 78

E schtolze Roos 79

Min Löwezahn 80

Priemele 82
S Schlisselbliemle 83

ALLTAG
Wa mer so bruucht 85
Zum Sechzger Fescht 86
Etz isch s soweit 88

MONATSBILDER
Winterwelt 91
Januar 92
Februar 93
März 94
Frühling 95
Endlich Mai 96
Juni-Regen 97

BLUMEN
Freesie 99
Orchidee 100
Amaryllis 101
Gladiolen 102
Kamelie 103
Rosenpracht 104
Mondsicheln 105

KULTUR
Konzil Konzert 107
Orgelbaumeister 109
Der Orgelkönig 110
Orgeldiplom 112
Viermal die Neunte 113

HERANWACHSEN

Schaukelpferd	117
Teddybär	118
Mädchensextett	119
Teenager	120
Schwere Zeiten	121
Zielgerade	123

VORWIEGEND HEITER

Zeitenlauf	125
Andi und Andi	126
Aufregender Einkauf	127
Hundeleben	130
Ein Urlaub im Süden	131

EIN ALEMANNE AN DER OSTSEE

Strandsteine	135
Sand	136
Grüße aus Rügen	137
Andi gibt nach	138
Eine Qualle in Göhren	139
Ostseeinsel	140
Tiefdruck	141
Unvergesslich	142
Strandkorbtag	143
Wechselhaft	144
Spuren	145
Ein Tag auf dem Darß	146
Dunkler Tag	147
Kurzer Besuch	148

Kleines Ostseedrama   149
Heißer Rücken   150
Später Sommer   152
Rauschende Ostsee   153

DANK   154
GLOSSAR   156

Ein poetisch begabter Menschenfreund

Unsere ersten Begegnungen fanden auf ganz unpoetischem Terrain statt: Wolfgang Müller-Fehrenbach war im Hauptberuf Schulleiter und im Ehrenamt Fraktionsvorsitzender der CDU-Fraktion im Konstanzer Gemeinderat. Mich hatte der Verlag der regionalen Tageszeitung »Südkurier« zum Lokalchef der Konstanzer Ausgabe berufen. Ich war jung und davon überzeugt, dass die regionale Tageszeitung ein aufmerksam-kritisches Gegenüber der Kommunalpolitik sein müsse. Gründliche Recherche war unser Kapital. So könne die Zeitung am besten ihrer Aufgabe gerecht werden, glaubwürdig zur politischen Meinungsbildung der Bevölkerung beizutragen.

Das Selbstverständnis, immer nachzuhaken und keinen Verkündungsjournalismus zu betreiben, führte bald zu Konflikten mit Politik, Wirtschaft und anderen Funktionseliten. Berichte und Kommentare unserer Redaktion wurden oft als ungebührlich, nicht ausgewogen oder schlicht als kenntnislos kritisiert – und manchmal waren sie das sicher auch. Zugleich waren die politischen Akteurinnen und Akteure sowie die Redaktion doch darauf angewiesen, miteinander im Gespräch zu bleiben und nicht in Feindseligkeit zu verfallen.

In dieser spannungsvollen Atmosphäre begegnete der ältere Fraktionsvorsitzende dem jüngeren Redaktionsleiter nahezu jede Woche in Sitzungen, auf Veranstaltungen und Podiumsgesprächen. Oft debattierten wir, ab und an kam es auch zu Zuspitzungen, wenn wir – etwa während der Wahlkämpfe – über Veranstaltungen aus Sicht der Parteien nicht genug berichtet oder diese frech kommentiert hatten.

Am Ende eines jeden Jahres saß ich über den Weihnachtskarten. Damals wie heute schrieb ich immer einige persönliche Zeilen auf jede Karte. Der CDU-Fraktionsvorsitzende Müller-Fehrenbach antwortete nicht einfach nur freundlich zurück: Er schickte stets ein kleines Gedicht aus eigener Herstellung mit. Das waren heitere Alltagsbetrachtungen, Verse der Zuversicht auf das kommende Jahr oder auch sanft-ironische Spötteleien über menschliche Schwächen. Über unsere »Brieffreundschaft« entstand allmählich eine Brücke, die wir beide jenseits des beruflich-politischen Tagesstreits begehen konnten und auf der wir uns im Laufe der Jahre menschlich näherkamen. Es wuchsen dadurch Vertrauen und Wertschätzung, gerade auch im kommunalpolitischen Alltag.

Als ich nach etlichen Jahren des Lokaljournalismus überdrüssig wurde, kandidierte ich als Historiker für das Amt des Direktors der städtischen Museen. Einer meiner Fürsprecher im langen Auswahlverfahren war nun der erfahrene Kommunalpolitiker Wolfgang Müller-Fehrenbach. In den folgenden 17 Jahren arbeiteten wir in den Gremien eng zusammen: für die Kulturlandschaft unserer Heimatstadt und der internationalen Bodenseeregion.

Dass Wolfgang Müller-Fehrenbach mit diesem Buch eine Fortsetzung seiner in Jahren entstandenen heiter-optimistischen Betrachtungen vorlegt, beweist, dass in einer Menschenseele der klug und strategisch agie-rende politische Kämpfer und der poetisch berührte Menschenfreund harmonisch vereint sein können. Ich wünsche dem Autor und dem Band viele Leserinnen und Leser. Mögen auch sie über die vielen Alltagskon-flikte hinaus immer eine Hand ausstrecken können. Vertrauensbildung lohnt sich, denn keiner verändert die Welt allein.

Tobias Engelsing

Uff em Rieserad

Schteig mit mir i d Gundel ei,
i zeig dr dirt de Himmel,
i fahr mit dir i d Wolke nei
un zeig dr dunte s Gwimmel.

Immer nuf un schä weit naus,
s goht nunter vu allei,
s Lebe wechslet d Richtung aus,
sell wird it luschtig sei.

Zerscht schnuufsch weng schwer, monsch kriegsch ko Luft.
S bloost vu allne Seite,
i d Nase schteigt mr Brotwurschtduft.
De Blick schweift naus i d Weite.

Allheck en Halt, en neie Blick.
»Kumm, mr schpucket nunter!«
Heit isch des unser heimlichs Glick.
Mei Kindheit wird butzmunter.

Uns rauscht scho s Bluet, en Zaubertrank?
Mir schauklet etz devu –
e schwindligs Glick, sell Schaukelbank –
schnell furt isch d himmlisch Ruh.

Mir sin ganz dobe, Himmel noh.
Do schpierschs, wiä d Schwerkraft zieht.
Mir hond ko Wahl, es isch halt so.
De Ausschtieg zletscht uns blieht.

JAHRESLAUF

Liechtmess-Wetter

Um Liechtmess rum, do wirds weng heller,
friehmorgens merksches glei,
de Siedkurier liegt nebem Deller,
i hoff uf s Friehschticksei.

Sell Wetter hon i heit scho gsenne,
hon d Zeitung dusse gholt,
»Du hettsch glei Friehschport mache kenne –
hosch d Reschtmüll usegrollt?«

»Jo wa du denksch, i bin it bled,
s schittet wie aus Kibbel,
i hon dr geschtert doch scho gseet,
de Februar wird ibbel.

Kon Schnee meh, nu no Matsch un Pflutsch,
au d Schtadt hot gar nint gräumt,
min schänschte Schneema, der isch futsch,
i monn, i hon schlecht treimt.

Vu wegge Friehschport, gang zerscht Gassi,
zieh d Schtiffel a und furt!«
Schmuddlig, pflatschig, Mensch sell hass i –
un Joe, min Hund, der knurrt.

Demm erklär i s lang un breit:
»Wenns an Liechtmess schtirmt un schneit,
isch de Friehling nimme weit.«
Kurz druf bin i uf d Schnorre keit!

De Friehling kummt

Er luegt ums Eck, isch glei druf do,
schtrohlt hell un wärmt un schticht.
»Du hosch uns no nie hocke lo,
s ganz Lebe lebbt vum Licht.«

I blinzel weng i d Sunne nei,
schpier d Wärme uf de Haut
un krempel d Ärmel nuf debei –
s isch mr alls vetraut.

Es griesset mi vu weitem scho
d Erle, d Esche, d Birke,
sell Pollegeischter ploget do:
Jo, d Friehlingsbote wirke.

Do juckts un tropfts, min Pschnissl brennt,
d Nase trieft und lauft,
i bin zum Apotheker grennt,
hon Nase-Maske kauft.

So lauf i rum, i fall it uf,
renn mit em große Haufe.
Mit rotem Zinke, it vum Suff,
kasch au im Friehling laufe.

De Mai isch do

Kummsch etz no, so hinterher,
du Friehlingslump, du Siech?
I schpier di längscht un schnuf scho schwer,
wenn i di schmeck un riech.

Kätzleblietle, Birkepolle,
uf saure griene Wiese,
d Auge simmer feicht vequolle,
luegsch i d Sunn, muesch niese.

Wenn d blienzlesch, kennt des Ärger gäh,
debei ischs pure Not:
I renn a d Haffe – dirt ischs schä –
wink onnre zue im Boot.

Im Lenz allmol do schteiget d Säft,
du wosch, bisch jung un schtark,
do schpiersch in dir etz deitlich d Kräft –
nu s Kreiz sell druckt di arg.

En Junischtich mit Folge

I schpier de Wind, hon klamme Händ,
alldag etz scho drei Woche,
min Garte wartet, bin dirt fremd,
e Weschp hot mi grad gschtoche.

Die hot sich im Revier veirrt
un schticht mit schpitzem Schtachel,
die Kälte hot des Biescht vewirrt,
saugt Bluet schtatt Zwetschgedatschel.

Min Schädel brennt, mir wachst dirt s Horn,
s wird mer bletzlich heiß,
i schpier ebbs klopfe, dobe vorn,
i hoff, mir hilft weng Eis.

Wenn iberhaupt! Mensch so e Pech,
i sott zum Fotograf!
»War des dei Frau?« frogt der glei frech –
»Nei, en Bock, du Schaf!«

Nint ischs mit em Foto worre,
erscht zwei Woche schpäter.
Un seller mit de freche Schnorre
war froh am Sanitäter.

Juli am Bodesee

Hocksch am Hernle, legsch di na:
»Lueg s Wetterleichte dribe –
kunnt scho s Gwitter? Ziehsch di a?
I wär no ganz gern blibe.«

S goht schnell am See, s hot Bootle dusse,
d Segel gschwellt im Wind:
»S wär besser etzt, du kämsch schnell use!«
Dirt plärt im Sand e Kind.

Mensch, des sott heit Juli sei?
Blitzhell, Dunner kracht –
So schäne Däg sin schnell vebei,
jo, gschtirmt hots schon heit Nacht.

»Mir packet zamme! Mensch etz flott!
Mr werret sunsch batschnass!
Kumm etz endlich scho, bigott,
d Küefer hockt im Fass.«

De Radhelm uf un d Bad-Dasch gschnappt,
i hetz vu Bomm zu Bomm –
ums Hoor hetts fascht no trocke klappt,
begosse kumm i homm.

Auguscht

Schpät im Johr, no hitzig heiß,
du losch alls reife, röte,
d Beere, d Epfel, kratteweis –
reglos d Echsle, d Kröte.

Brüetig, brenzlig, Mensch, du gliehschd …
Wa bringsch no hintrefir?
E Dirre? Wirds am End no wiescht?
I hon heit so e Gschpier.

No wärmsch de See un d Alpeschtei,
d Sunne isch din Gschpane,
so kennts bigott doch s ganz Johr sei,
sell kenntsch fir dies Johr plane.

Auguscht s ganz Johr? Etz bliib mol do,
mir gucket, wa bassiert.
Nu de Herbscht, den muesch uns lo,
wenns herbschtlet, bin i griehrt.

S goht de Bach nab

E wengle gohts de Bach scho nab,
s isch dunkel, frieh am Morge.
Gucksch i d Zeitung, kummsch uf Trab:
D Welt macht om grusig Sorge.

Ziesch d Läde hoch, guckt d Sunne rei,
de Summer schtrahlt di a,
so schlimm wird d Welt etz au it sei,
dass i Triebsal bloose ka.

Bump s Fahrrad uf, richt s Veschper her,
mir schtramplet glei zum Hernle,
so frieh sin all no d Wiesse leer,
s nass Gras isch voller Schternle.

Vum Schiff do dusse: Glockeschläg
wie scho vor hundert Johr.
E »Weißes Flottschiff« will an d Schteg,
en Segler kreizt devor.

Vu Meersburg zieht dirt d Fähre her –
heersch s Schtampfe, s Tuckre, s Schpritze.
I treim, dass sell mei Traumschiff wär
un kumm do glei is Schwitze.

Septemberlichtle

Milchig mild kummt d Sunne raus
un wärmt di wohlig uf.
Zupfsch d Quitte us em Blätterhaus,
die wartet dringendscht druf.

D Epfel keiet rab i s Wiesle
un dirt is rote Laub –
i buck mi gern firs Epfelmiesle,
mi freit min kläne Raub.

Kartoffelsupp mit Kirbiskern,
de Suser us em Krueg,
s Herbschtle mag i gruusig gern,
nu s Johr vegoht im Flueg.

Hell un dunkel wie im Lebe,
mueschs nemme, grad wies kunnt,
bliib im Gleichgwicht, sell muesch hebe,
zum Hoffe hosch en Grund.

Frei di a de süeße Fricht –
un fahr etz d Ernte ei.
Genieß alls im Septemberlicht,
i kumm bei dir vebei …

Im Oktober

De Herbschtwind bloost, s isch windig kiehl,
gelb gfärbte Blättle keiet
rab vum Bomm, e mulmigs Gfiehl,
wenns obe abe schneiet.

Do raschlets, knischtrets, s knirscht un s knackt,
un s meichtelet, i schmecks.
Bevor mi d Noschtalgie no packt,
denk i a s Traubegwächs.

En räse Suser un en Schpeck,
en Zwibblekueche – heiß,
etz isch zmol min Trüebsinn weg,
bim Gläsle Fedreweiß.

I hock im Garte uf de Bank
un lueg i d Sunne nei.
I feier heit min Erntedank.
Wärsch it gern debei?

Warte uf d Herbschtsunne

Nint ischs mit em Sunneschei,
nu Nebbel weit un breit.
Warte muesch zmeischt ganz ellei –
uf e schänre Zeit.

I hock am See und hett gern Sicht,
s schtoht d Nebbelwand vor mir,
i hoff uf d Fernsicht un ufs Licht,
un merk zmol: Mensch, i frier.

I heer s sanft plätschre vu de Welle,
s Nebbelhorn weit her,
au e Hundle heer i belle,
un d Sunne hots no schwer.

S fischlet schtreng diä Nebbelsoß,
I schmeck se uf de Zung,
au i de Nase goht se los,
mei See-Herbscht-Witterung.

I schpiers, s goht halt bergab im Johr,
un s Sunnelicht wird rar.
Grau un grauer kummt mers vor …
»Sunn, kummsch morge? Wunderbar!«

Herbschtepfel

Etzt hock i unterm Epfelbomm
im milde Sunnelicht,
der isch seit Kindheit mei Dehomm,
e bsunders lange Gschicht …

Glei beiß i i de Epfel nei,
saftig schpritzts un tropfts.
I schmeck de sieße Herbscht debei,
mi freit halt s pralle Obscht.

Schwer hänget d Epfel kiloweis
un ziehet d Äscht dief nunter.
S leichtet roschtrot, gelb, grienweiß,
d voll Reife keiet runter.

Im Herbscht derfsch ernte, s isch e Gschenk,
des herbschtlich volle Ghäng.
Wenn i e bizzle weiter denk,
denn detterlets mr weng.

November

I d Sunne blintzle, s Laub durchpflüege,
s raschlet jeder Schritt,
kenntsch en kalte Zinke kriege,
en Pschnüssl grad demit.

Mensch, bloost do de Wind ums Eck,
der lupft mer fascht min Huet …
Jo, de November isch kon Schleck,
e Schnäpsle dät om guet.

E heiße Wurscht vum Wirschtleschtand,
Maroni i de Guckel,
triffsch Schnorrewackler allerhand,
Mensch, ziehts am Minschterbuckel!

En Gliehwei dät i etz vetrage,
sell Rebesaft giet Kraft.
Zmol heer i finf mol d Glocke schlage,
heit hon i grad gnueg gschafft.

S Schneedrama

»Gang, schaufel mr en Parkplatz frei,
i bin scho halbe zruck!«
»Jo, i bin do glei debei,
dirt driebe giets e Luck.«

En halbe Meter Schnee, des hots
heit Nacht do anekeit.
Un sell Auto, ja me sotts
halt it bewege heit.

Sell wär sicher besser gwese,
hettsch gwisst, wa do no kunnt!
Schnell gräumt un grob de Abschtand gmesse,
vu Hand isch s Schippe gsund.

Scho rumplet de Toyota her,
Debeleschtrooß entlang,
i de grumte Platz – weng quer,
do schtoht dr Schtang an Schtang.

»Etz isch guet, so losch n schtoh,
de Karre isch us Weg.
Guck, wie s schneit, s losst gar it noh,
s rieslet fetzig schräg.«

Kurz druf, de Schaufler un d Schofföse,
sie schtellet d Schtieffel weg,
bim Nochber dunnrets mit Getöse,
i d Hose fahrt de Schreck!

Wo s Auto grad no gschtande war,
dirt türmt sich d gröscht Lawine!
Gar nint am Schnee isch wunderbar,
zwei beißet i d Gardine!

Die volle Ladung vu dem Dach,
keit zentnerschwer uf d Schtrooß,
de Toyota drunter flach,
zwei hond im Hals en Kloß.

Futsch isch futsch, d Naturgewalt
isch immer weng voraus.
I hoff, dass sell de Schade zahlt
vum ehrewerte Haus.

En bsundre Advent

E Zweigle, e Kerzle, e Schtreichholz dezue,
s isch alles, i wär denn soweit,
meh bruch i do it, nu i un no du:
un etzt nu e wengele Zeit.

En Kaffee im Tässle, mr dunket de Zopf,
mr hocket zum Schnorre am Disch.
»Jo wosch no, di sell? Un de ander, sell Tropf?
Wo grad no devu kumme isch?«

D Maroni im Ofe heersch knischtre un knacke.
Dirt dusse wird s duschter un kalt.
»Mensch, du hosch jo scho d Chrischtschtolle backe?
Glei her dmit, der wird sunsch nu alt!«

D Zeit vegoht schnell am Wohnzimmerdisch,
uns wärmet zwei dicke Pullover,
mir schparet vill Schtrom un bliibet drum frisch,
wart Putin, bald isch alls over!

Der bringt ganz Eiropa un d Welt durenand,
sell russische Schlawiner,
mir rucket do zamme, kumm eng anenand:
Mir wärmet uns wie friehner.

De Chrischtbomm un s Klima

Mit Sägge, Äxtle ab ins Auto,
»Mir hollet etzt en Bomm!«
De Vadder seet adee un grad no:
»D Mamme bliebt dehom.

S Wohnmobil hot so gnueg Platz
fir s schtramme Dannegwächs.«
Iber d Rheibruck gohts ratz fatz,
noch Hegne links, denn rechts.

So tuckret se, flott, eins, zwei, drei –
zwei Mädle und de Bappe –
weng rumplig i de Wald glei nei,
dirt muess jo d Bomm-Wahl klappe.

Mit rote Backe gond do d Göschle
wie gschmiert, alls went se wisse.
Teresa, Franca, selle Fröschle,
dem Bappe schleet scho s Gwisse.

Glei eiparkt, d Säge un s klä Beil
schtapfet se i d Schonung.
»Der isch schä un rundum heil,
der basst in unsre Wohnung!«

»Nei, it grad der, au it grad seller!
Die sin jo erscht im Wachse!«
Sell Luscht am Sägge rauscht in Keller,
de Vadder frierts a d Haxe.

»Mensch, Mädle, ihr hont vellig recht,
mi kränkt sell Kahlschlag au.
Fir s Klima wär des firchdig schlecht,
e Kataschtroph – genau.

Ihr müent it plärre, mir gond hom
un feiret, mir honds gschafft:
Mir rettet so de schenschte Bomm
mit Iberzeugungskraft.«

Dehom isch d Mamme schwer entteischt,
de Platz vum Bomm isch leer!
Wieder Träne, denn blitzt de Geischt:
»Des isch doch etz it schwer:

Zum FUCHSHOF naus, dirt schtond se scho
in Reih un Glied im Schtänder.
Un d Axt un d Sägge lommer do,
mir lueget dirt am Gländer.«

S allerschenschte griene Trumm
wird gschnallt ufs Dach vum Wohnmobil –
denn hot au d Mamme Platz, und drum
brennt bald de Bomm bim Krippeschpiel.

Schä, dass Weihnacht isch

Butterguetsle, Weihnachtsschtolle,
Zimtschtern, Linzer, Schpringerle,
Lebküech, Gipfle, Bisquitrolle …
Sell Düft vefiehret d Fingerle:
Du ziersch di no un sesch, wirsch z dick,
doch glei druf mampfesch Schtick um Schtick
un denksch, e Jährle älter bisch –
un s isch so schä, dass Weihnacht isch.

Weihnachtsliedle, Glockeleite,
Kinderjubel, Fleeteschpiel,
Erinnerung a d Jugendzeite:
De Josef warsch bim Krippeschpiel.
Vedrucksch e Trän, du bisch zmol griehrt,
en Hauch vu Kindheit hosch grad gschpürt –
un denksch, e paar Johr älter bisch,
un s isch so schä, dass Weihnacht isch.

D Kerz azinde, d Botschaft heere,
besinnlich, friedlich hocksch etz do.
Ko Mensch derf do dei Weihnacht schteere.
Me muess di etz mol Mensch sei lo.
»O Dannebomm«, so heersch dirt singe,
un bildsch dr ei, dass d Gleckle klinge
un denksch, egal, wie alt de bisch:
S isch halt schä, dass Weihnacht isch.

Dezembernacht

Alls isch schwarz, schtockdunkel d Nacht,
d Wolke dief un schwer,
gschpenschtisch bloost e Schattemacht
s morsch Aschtwerk hi un her.

E Liechtle flackret fenschterhell
dirt diebe unterm Dach …
So dunkle Däg vegohnt it schnell,
un z Nacht liegsch neschdig wach.

Sell Quälgeischt wirsch fascht nimme los,
schtohsch morgens grädert uf.
Un s Wunder gschieht: D Sunn schtoht do groß –
i wach erscht richtig uf.

D Weihnachtsunn bringt s Lebe zruck,
bin zmol en andre Mensch.
I häng an Bomm de Kugleschmuck,
mei Ritual, des kennsch.

Leg s Chrischtkind dirt i d Krippe nei,
d Maria nebedra,
de Joseph lächlet, ka des sei?
Jo, d Heilig Nacht isch da.

Adee, Bomm

Etz isch over, etz isch aus,
d grien Herrlichkeit vebei,
min Bomm sott us de Schtube naus
un losst uns denn allei.

Geschtert no beschtaunt un schtramm
vu Schternsingkinder bsunge,
heit schtoht pisa–schief de Schtamm –
vu wege griener Lunge:

D Äschtle hänget, d Zweigle kahl,
un d Noodle rieslet leis.
D Liechtle brennet s letschte Mal:
Denn gohts uf d letschte Reis.

D Schternle, d Kugle, ab i d Kischt,
d Kerzlekette zletscht.
I klemm de Bomm als Noodelgrüscht
im Fenschterrahme fescht.

»Lueg du schnell zum Fenschter naus,
grad nebedra, ischs frei?«
»Jo, s kummt nint – des sieht guet aus.
los, mach scho, heidenei!«

I gib dem Bomm de letschte Schtoß:
En Fenschterschturz – denn krachts!
»Mensch Ma«, schreit sie, »wa machsch denn bloß?
Do schtoht sell E-Bike nachts!«

So schnell war i no nie do unte,
vum 3. Schtock uf d Schtroß.
I hon de Bomm un s E-Bike gfunde,
un glei druf d Nachberbloos.

Alle ufgregt, schaddefroh,
i hetts doch senne müesse,
»Bisch doch vesichret oder so?«
Un mi plogt s schlechte Gwisse.

Etz wissets alle immerhin:
Dass ich ein Abfuhrtreffer bin.

Silveschter

En bsundre Tag kummt zletscht deher,
s Johr schleicht devu, Silveschter:
S goht alls vebei, alls dunkt mi leer,
etz veschtummt s Orcheschter.

D Schtündle rinnet, d Uhr tickt un tickt,
zum Bremse giets do nint,
so manches Zweigle isch scho knickt,
mr wässrets nomol gschwind.

Denn schteiget d Säft, denn grients ufs Nei,
dirt winkt dr s neie Johr.
Kumm mit, du bisch no schtramm debei,
lebsch gern mit Haut un Hoor.

Wirf nu it alles iber Bord,
din Impfbass sottsch bewahre,
den nimmsch denn mit vu Ort zu Ort,
so bhaltsch din Kopf, din klare.

Denn freisch di, wenn d frei renne derfsch,
bisch negativ, hosch Glick!
G eins, G zwei, sell macht mi närrsch –
I will mei Freiheit zrick.

BALLADEN

Hoorige Corona-Zeite

Guck i frieh i d Schpiegel nei,
weng schläfrig un weng mied:
I muess de »Schtrubbelpeter« sei,
weil s kon Frisör meh giet.

D Hoor schtond uf em Kragge uf,
d Schträhne scho i d Schtirn.
Jo, d Ohre fehlet, merk i druf
un greif mr schnell a d Birn.

Wenn des no lang so weitergoht,
kasch s Ausweisfoto hächsle.
Au wenn din Namme dinne schtoht,
giets gar nint zum Vewechsle.

Denksch a Hoorwuchs bei d Maane,
denn fallt dr Teutoburg glei ei,
dirt im Wald sin sell Germane
uf d Römer druff mit »Hoorig-Schrei«.

Un Dag un Nacht, do fließt de Rhei
vu Konschtanz noch Schaffhause,
am Hallebad-Frisör vorbei,
sell Figaro hot Pause.

An Fasnacht gohsch als Rüebezahl,
als Marx, als Raschputin,
im März per Brief kunnt d »Landtagswahl«.
Un denn: »Frisör-Drive in«.

Etz bin i gimpft

Hon lang gnueg ibers s Warte gschimpft
un ibers kalte Wetter.
S isch alls vebei – etzt bin i gimpft:
Min Dokter isch min Retter.

Sell kleene Noodel-Schtupf macht froh,
scho loot sichs leichter lebbe,
denn de Impfbass-Schtempel no,
i loss mrs schriftlich gebbe.

Etz derf i widder unter d Leit,
derf zu zweit schpaziere,
s isch e vellig neie Zeit,
i mon, i däts scho schpiere.

S isch halt erscht en schwache Droscht,
s wartet siebzg Millione!
Jede Bleedheit Lebe koscht:
Bliib schtark, sell wird sich lohne.

Nint bassiert?

Nu on Schtich, scho ischs bassiert,
de Schtempel zwei in Pass,
e Pflaschter druf un nus marschiert,
uf d Dökter isch Velass.

Des war heit scho de zweite Schtreich,
dobe rechts am Arm,
denn schpiersch de Puls, wirsch zmol weng bleich,
im Ranze wirds dr warm.

»Wa hon se ghet? En Blueterguss?
Wie isch au des bassiert?
En Pflarre wie en Pferdekuss?
Statt gimpft weng malträtiert?«

Drei Woche war i flügellahm,
einarmig wie no nie …
»Wem isch s bassiert?« I sag nu zahm:
»Herr Dokter, gimpft hond Sie!«

Bisch scho buuschteret?

Wiä sell mr uf de Nägel brennt,
i bruuch on, wo mi impfe kennt:
Diä dritte Schpritz – do seet me »Buuschter« –
wenns it bald klappt, wirds zapfeduuschter.
E »Auffrischung« per Nodelschtich?
Bin gschpannt, obs wirkt, gelegentlich!
Millione Mane went des zmol,
dunt d Ärmel hoch – zum dritte Mol.
I wähl mi telefonisch ei
un hoff uf d nägschte Woch denn glei.
»Des wird nint«, heer i e Schtimm,
»am Aschermittwoch? Wär des schlimm?«
Mir hots do grad glatt d Schproch veschlage,
i heer mi »naa, vill z schpät!« glei sage …
Zum Glick fallt mir en Ausweg ei:
En Impfer muess kon Hausarzt sei,
i miesst it lang i d Schlange nei
vefrier it d Haxe un min Grind …,
des loss i lieber, des wird nint.

So en Schtupf isch doch it schwer:
Min Geischtesblitz: »Veterinär!«
Am nägschte Dag schnapp i de Joe,
der zittert weng und wedlet froh,
er kennt de Weg so ungefähr
direkt i d Praxis vetrinär.

D Frau Dokter frogt glei intressiert:
»Wer wird gimpft un wer kaschtriert?«
»Halt, etz halt« – mir zittret d Knie,
»de Joe entwurmt un d Schpritz krieg i!«
I hock mi bleich uf selle Schrage,
i sieh scho d Schpritz un schpier min Mage.
Leis knurrt de Joe, min Kamerad,
i guck no, wie die Nodel naht:
Obe links en diefe Schtich –
bis fascht zum Knoche – firchterlich.
Um mi rum wirds glei zapfeduuschter.
Vu wege »ufgfrischt« – s wirkt de Buuschter.

D Kehrwoch am Firschteberg

»Etz kumm schnell her, des sottsch du säh,
e Füchsle schleicht ums Haus!
Dirt am Weg in nägschter Näh,
jo, herzig sieht des aus.

De Fuchs bleibt schtoh, hot d Öhrle gschpitzt,
lupft buschig schtolz sin Schwanz.
Hot s Fuetter vu de Katz schtibitzt?
Der brinzlet jo! Etz langts!«

De Vadder flitzt blitzschnell vor s Haus,
de Schrubber i de Händ.
»Beschtialisch schtinkts, des isch en Graus!
Sack Dunnersapprament!«

Heiß Wasser, Eimer, »Pril« mit Schaum,
de Vadder schrubbt wie wild.
De Nochber kummt, traut d Auge kaum:
»Hot dir on s Hirn vedrillt?

Etz mach mol halblang, hosch en Schparre?
S Fege langt ellai!
Nu Tschoole un die bleedschte Narre
weichet s Trottwa ei!«

Dante Guschtl

Unter unsre Avewandte
hom mir e ganz bsundre Dante:
Sagsch »Auguschtina«, brichsch dr d Zunge,
kurz »Guschtl« isch de Namme glunge.

Dieses Muschter us de Schone
duet s Lebbe lang i Konschtanz wohne,
bleibt gsund un gfräß un flott un gnitz –
des Schwarzwald-Original mit Witz.

Unsereins wird däglich grauer,
luegsch in Schpiegel, liegsch uf d Lauer
un gucksch denn no durch d Brille, gell,
findsch Runzle fascht a jedre Schtell.

Un wenn denn do a d Dante denksch
un au no ihren Johrgang kennsch,
siehsch ihr Häutle, heersch di Schnorre,
du monsch, sie wär erscht siebzge worre.

D Guschtl goht gern mit de Schweschter
uf de Wackel un uf Feschter.
D Maria links un d Guschtl rechts,
beide Fehrebachs Geschlechts:
weng hungrig, durschdig, wirtshausträchdig,
bildlich: Pat un Patachon vedächdig.

D Guschtl kennt die beschte Beize,
bschtellt glei s Veschper – un e Weize.
Zur Not derfs au en Schorle sei –
mit wenig Wasser un vill Wei!

Hocket se im »Husseschtei«,
deilt d Guschtl glei dirt d Plätz mol ei:
»I hock do und du hocksch dirt!
Du holsch de Meier, s isch de Wirt.

Wa hond Se heit? I hett grad Luscht
mol wieder uf e Ochsebruscht
mit Gälrieble, Preiselbeere,
Herdepfel dätet dezue ghehre.«

»Monsch s wird z vill? S isch einerlei:
I hon mei Schweschter jo debei,
die schafft so vill fir d CDU,
schreibt d ›Marktberichte‹ no dezue!

Iss Maria, zier di it!
Du bruuchsch ebbs Kräftigs, des machd fit.
I mons nu guet, gell du, des wosch,
wenn du ebbs uf em Deller hosch.«

Goht d Guschtl alsmol zum Coiffeur –
»Brombacher jun.« heißt sell Friseur –
steckt sie ebbs Kläs i d Handdasch nei.
Es sott fir ihre Gsundheit sei.

Wenn ihr s uff sellem Sessel dirt
e bizzle drimmlig schwummrig wird,
holt se us dem Däschle
schnell uscheniert sell Fläschle.

Du monsch, du schpinnsch un siehsch it recht:
Sell Guschtl wie en Gluck Schluck Schpecht
zieht de Korke ab vum Flachmann,
suuft Whisky pur drei Schluck un lacht dann:
»Gell do glotsch, wenn d Schneble schluckt,
des bruuch i halt, wenn s mi wo druckt!«

Wiil d Guschtl gern i d Schone fährt,
isch en Mercedes it vekehrt.
De greschte sott es halt scho sei,
do gond so knapp sell Koffer nei
un Däschle, Kerble, Reisedecke,
Guckle, Fläschle, reesche Weckle,
Weschtle, Schlappe, Schirm bringt sie
un zwingt den Daimler glatt i d Knie.

»I schäm mi grad, wenn i des sieh,«
mont d Dante denn und hockt sich hi,
zieht d Schueh glei uus un schnallt sich a.
D Maria thront rechts vornedra.
So fahret mir – trari, trara –
vum Lutherplatz i d Schone.
Dirt went die Dantne wohne.

Uffs Trottwa schtell i kurz s Gepäck,
d Passante bliibt do d Schpucke weg.
Wiil schnell im Dorf e Grücht entschtoht,
sag i schnell, so laut es goht:
»Nei, do kummt ko Sammlerbande,
s isch nu d Bagasch vu mine Dante!«

Warum due i des alls vezelle?
I hon nu gratuliere welle:
Finfeachtzge Jährle jung!
Bliib wi de bisch un bhalt din Schwung!
Un zwickts im Knie, dem linke,
den derfsch e bitzle hinke.
Lueg, dass allwil Schnaps gnueg hosch,
leer weng ufs Knie – un suuf bigosch!
No lang went mir Di bhalte!
I sott etz d Schnorre halte.

D Räuber in Konschtanz

Mädle, Büeble, Hand in Hand,
zwei Dante un zwanzg Zwuckel
kummet grad vum Erdbeerschtand,
hond Beerle i de Guckel.

Alles hond se inschpiziert
vum Markt am Schtefansplatz,
hont Erdbeerbeerle gern probiert …
s giet Marmelad – ratz fatz.

Noch em Trottwa Wallguetschtrooß
kummt d Schotteschtrooß ums Eck,
›s Café Gfängnis‹ seet mr blooß,
s veliert so weng de Schreck.

Sie schlendret, treedlet, babblet vill,
i heer e gnitzes Fröschle –
die andre Kinder werret schtill.
Dirt schprudlets us em Göschle.

D Lena, finf, woss vill, isch schlau,
de Brueder woss de Rescht,
de Luca seet re alls ganz gnau,
un d Lena schtellt etzt fescht:
»Hier arbeiten die Räuber!«

Eine wahre Geschichte aus der Kita Villa Kunterbunt

D Fisioderabie im Baradies

Wenns knackt im Gnick un druckt im Kreiz,
bruuchsch Lindrung i de Fisio.
Min Therabeit mont seinerseits,
sell quetschte Nerv sei hie so …

Der druckt do hinte, knuddlet, knufft,
vu obe rab bis nunter.
Sell ›Rothfueß‹, zmol en gmeine Schuft,
frogt harmlos: »Fiehlsch di munter?«

O Maa, sag i, etz schwätz kon Schtuss
allhennepfitz, du Latsche,
i mon i hon en Pferdekuss
am Fiddle nu vum Batsche.

Sell blede Wirbel spier i zmol,
so zwische Bruscht un Lende:
I schtand als Tropf am Marterpfohl –
un wart do uf mei Ende.

»Veschrick it!« – Der pfetzt heidenei
mit eisig kalte Pfote
vu hinte schräg i d Rippe nei:
»I lös dirt dine Knote.«

On Schrei, i juck vum Schrage nab,
veschtauch mer d Knie un d Fiess.
So bringt der jeden Gaul uf Trab
im ›Fisiobaradies‹.

De Mandatsträger

Sunndigs werred d Akte glese,
bis schpät i d Nacht schtudiert,
schtundelang am Schreibdisch gsesse,
de Sunndig ruiniert.

Am Mändig um halbsechse denn,
rennsch ghetzt i dei Fraktion.
Luscht hosch kone, kumm, bekenn!
S isch meh scho d Tradition.

Bald wird hitzig ghändlet, gfuchst,
din Hals wird rot un dick,
dir wird en Kompromiss abgluchst,
kriegsch Angscht, der bricht dr s Gnick.

Politisch nu, so isch des gmeint,
doch sell isch au grad gnueg,
im Nu do schpierschs, du fiehlsch di gleimt,
gibsch nooch wie seller Krueg …

Zämmehebbe, seet de Boss,
s isch unsre onzig Chance,
d Aggressione schadet bloß,
vor Wuet keisch fascht i d Trance.

Am Dunnschdig druf, am Sitzungsdag,
do koscht s di widder Nerve,
sell allefänzig Lumpepack!
Kenntsch d Akte nibberwerfe.

Wenn d Abschtimmung in d Binse goht,
erlebsch dei Waterloo –
de Untergang vu Konschtanz droht,
s war jo bim Huss scho so …

Doch immer widder goht en Ruck
durch di un durch d Fraktion.
Mir denket vorwärts un it zruck
un lernet d nägscht Lektion:

Du wosch, du bisch fir d Birger do,
bisch frei un gheim doch gwählt,
derfsch d Gschpane etz it hänge lo,
au wenn sell Ärger quält.

Drum werret widder d Akte glese,
dei Fauscht im Sack scho ballt.
Die negscht Nacht au am Schreibdisch gsesse.
Die negscht Wahl kummt jo bald!

Vier Schlaule am Seerhei

Kneipe zue un Treffe gschtriche,
kon Alkohol, ko Bier,
sell Kretschmann, grad der kunnt mr gschliche,
i sag nu: »It mit mir!«

Mir vier Mane hond des Recht,
um finfe on zu zische,
i frog ei etzt: »Wa wär do schlecht?
Mir lond uns it vetwische.«

Bleed simmer it, mir sin bekannt
als Schlaule, do un dirt,
i bsorgs Bier fir uns mitnand,
i schpill fir ei de Wirt.

»Wo gommer na? Dass kon us sieht?
Hot on en Geischtesblitz?«
»I woss, wos so e Plätzle giet«,
seet de Klänscht weng gnitz.

»Mr hocket weng uf d Ufermauer,
a d Anglerschtubbe Süed,
direkt am Schteg, sell isch no schlauer,
weil dirt mr d Bootle sieht.«

Denn hocket se weitab vum Schuss
un zepfet grad s viert Bier:
»Etz gucket mol, dirt ganz weit duss,
s blau Schiffle mit zwei – vier«.

Selle Nummer kennt de Fritz,
vum Wasserschutz-Revier,
»Des wär etz luschtig, s wär en Witz,
die machet d Pause hier.«

Schnittig sauset die doher
un bindets s Boot an Schteg,
zwei jucket raus, i mon i heer:
»Mir kummet eiretweg.

Mir hond ei mit em Fernglas gsenne,
scho fascht e halbe Schtund,
me hot ei dusse heere kenne,
doch des isch it de Grund:

Ihr kennet doch d Corona – Pflicht,
ko Party, au ko Bier,
no effentlich, des goht niä nicht,
do zahlet ihr defir.«

Die vier Schlaule sin perplex,
sin gschockt, sin sauschwer troffe.
»Mir waret luschtig unterwegs,
hond Durscht ghet un weng gsoffe.«

»Ihr hettet des doch wisse misse,
diä Bolizei sieht alls!«
Fascht het no onner s Muul verisse,
im Falle dieses Falls:

Schtur hond se hundert Stutz kassiert!
Diä Schlaule lueget weng pikiert.
Sunsch isch denne nint bassiert?
Weng Wuet im Ranze hond se gschpiert.

Uf em Debele

Wo bleibt r au, s isch scho weng schpät,
de Theo mit mim Twingo?
D letztscht Gassi-Runde hon i dreht,
zmol schellts, i denk glei »Bingo«.

I nimm de Heerer schnell as Ohr,
do seet on: »I bi zruck,
schtand dunte grad vor dinre Dier,
un etz weng unter Druck.

I schmeiss din Autoschlissel nei
un sag Vegelts Gott, Dank.
Morge kriegsch e Fläschle Wei,
sell schtoht bei mir im Schrank.«

»Halt Theo, halt! Wo schtoht r? Sags!
I bruuch min Twingo morge!«
»Klar, den findsch, sell isch en Klacks,
do mach dr konne Sorge!

Glei nebem »Gipser-Sommer-Laschter«,
den siehsch bim erschte Blick,
mr bruucht kon Koordinate-Raschter,
ischs it en schlaue Trick?«

»Alles klar«, heer i mi sage.
Des klappt scho, wunderbar.

Heit morge suech i etz min Wage
eng nebem Laschter, klar.

Do schtond Laschter, guck mol her,
s ganz Debele fascht voll.
Wiä gschuckt lauf i scho kreiz un quer,
kon Gipser-Laschter, toll.

I muess ebbs ibersenne hon,
en Twingo isch halt klä,
i greif zum Handytelefon,
en heiße Tipp wär schä.

»Hei Theo, etzet heer mol her,
min Twingo hot onn gschtolle!
Hol d Bolizei, ruef d Feierwehr!
I hock uf heiße Kolle.«

»Etz mach mol halblang un bhalt d Nerve,
sell Meischter gipst scho lang,
der muess zum Schaffe fahre derfe,
kennt kon Parkierungszwang.«

»Des hettsch dr geschtert denke kenne,
i het it zeh Mol miesse renne!«
Doch etzt mit scharfem Adlerblick
erschpäh i s allerbeschte Schtick:

»Mensch, do schtoht min Twingo!«
I heer mi schreie: »Bingo!«

D Johresendzeit

Do hocket se in Reih un Glied,
fraktionsweis vorgruppiert.
Noch de Sitzung sin se müed –
un s Haushaltsloch fruschtriert.

De Landrat lächlet, schtrahlt als Boss,
d Kreisrät schtohnd zerscht Schlange,
am Wirtshausbüffet gohts glei los,
per Gable, Leffel, Zange.

Am Disch beim erschte Bisse grad
isch s Grand Malheur bassiert:
Rat Hoffmann schpiert, dass d Dusche naht:
De Guss i d Hose fiehrt.

»O Gott, o Gott, des duet mer leid,
zwei Glas Weize glei!«
Andreas schpreizt fix d Haxe breit:
»Hot des etz miesse sei?

I trink kon Tropfe Alkohol –
un schtink scho wie en Schluckschpecht!
I schpier de batschnass Kältepol
vum Nabel abwärts ziel-echt!«

Im Danzsaal schpringet d Leit glei uf:
»Mir bruuchet dicke Diecher!«
»Hol d Windle us em Wäschepuff!«,
ruft on vu sellne Siecher.

De nägschte Weg zum PKW,
un nint wie hom i d Schtubbe.
Noch Hegne schnell – s blinkt uf dr Höh
scho s Blaulicht blauer Buebe.

Oje, oje, etz nu it no
Kontrolle un no bloose!
»Wo kommen Sie – mir wissets scho –
Ihr Duft schteigt aus der Hose!«

»Ihr irrt ei schwer«, fleht Hoffmann fascht.
Nix Weihnachtsmarkt, nix Bier!
S Bier in de Hose nur Ballascht,
do ka i nint defier!«

»Heit goht Gnade klar vor Recht!«
seet Bolizei voll Mitleid:
»Der nasse Tropf, der leidet echt
i de Johresendzeit!«

Im Boot

Ko Welkle am Himmel, d Sunn schtreichlet de See,
am Schteg schauklets Bootle, wa witt etz no meh?
Do freit om glei s Lebe, kumm, schteiget scho ei,
glei binde mer s los, s giet Weckle, Wurscht, Wei.

Mer tuckret rheiufwärts, unter de Bruck,
scho bliebt uns de Alltag meileweit zruck,
mer sennet dirt s »Insel«, de Hafe, s Konzil
un winket de Leit, Wildfremde hot s viel.

D Impertina vum Lenk, die spuckt uf uns runter
un dreht ihre Kurve, mir werret butzmunter.
Etz wird s uns weng drimmlig, nu vu de Welle.
E Schlückle duet guet gege trockene Schtelle.

Dirt winkt uns de Nochber, die propere Schweiz,
rot flattret sell Fahne mit schneeweißem Kreiz.
De Säntis thront drüber, heersch s Alphorn weit her?
Gebirge un See, was wemmer denn mehr?

Immeschtaad, Haltnau – nach Einkehr retour,
schwarzrot de Himmel, unser Käptn hält d Schpur.
Die Seelen beschwingt, Ziel Konschtanzer Trichter,
Kurs halten auf rot blinkende Lichter.

O Heimat am See, du bleibsch unser Schatz,
bis weit i de Hegau – en himmlische Platz!

Schtrampelrad

Etzt schtart i glei mei Frischlufttour
un schtrampel naus i d grien Natur.
Mei Ross isch rot, de Sattel braun:
Do schtohts vor mir am Gartezaun,
s wartet schtumm uf sin Beschteiger.
Mei Ross isch zwar en große Schweiger.
Doch s knirscht glei mit de Kettenzäh,
denn will s halt zerscht mol d Ölkann seh.
I klapp per Tritt de Schtänder nei,
Mensch druckt de Sattel, heidenei!
I rutsch weng links un denn noch rechts,
i bin jo männlichen Geschlechts.
Dem Sattel isch des schnurzegal,
der kennt kei Quetschungsfolgequal.
S hilft nint, i hock halt druf und fahr
mit erhöhter Druckgefahr.
I schnauf un schtrampel eifach los,
uf d Radlerbruck ins Tägermoos.
Glei ohne Zöllner ibers Zoll.
I frog mi, wa des Zollhaus soll,
d Kontrolle kummt, me woss jo nie,
dirt vorne schtoht d Gendarmerie.
De Pass hon i im Portmanee.
I riech scho d Wiese un de See
un schtrampel froh – trari trara
zum Seerhei dirt ans Kuhhorn na.

I hock an Disch, i hon en Durscht,
bschtell Röschti un e OLMA Wurscht,
e Gschpritzte Halbe no dezue,
un geniess mei butzte Rueh.
I sinnier so vor mi na
un lueg genau de Himmel a.
D Schäflewolke winket glei –
scho bin i nimme so allei,
i blinzle jedem Welkle zruck.
Zletscht gib i mir en sanfte Ruck,
hock ufs Rädle, schtrampel los
zruck durchs sunnig Dägermoos.
I kenn die Gärtle, jeden Bomm.
Etz bin i jo fascht scho dehom.

D KONSCH-
DANZER MESS

Luftballon adee

Min kläne liäbe Luftballon,
du bisch fir mi en Gschpane,
min Wegbegleiter ohne Ton,
flattrig winksch wie d Fahne.

I loss di los, du schteigsch i d Höh,
de Wind nimmt di glei mit.
Wo treibts di na? Du wirsch so klä.
Kennsch denn dei Ziel no nit?

Durch d sampfte Liftle meileweit
schteil himmelwärts – zum Mond?
Minutelang, e Ewigkeit.
Ob sich dei Freiheit lohnt?

Unsre Freundschaft war z schnell rum,
un etz bisch furt, passé –
din Abflug war so schtill un schtumm
un duet mr richtig weh.

Am End bisch platzt vor Schtolz, o je
bim Höheflug! Adee …

Wilde Buebe

Kumm, mir fahret Boxautos
un bätschet dirt diä Mädle
vu alle Seite gnadelos,
diä megget heiße Rädle.

Juck in d rote Karre nei!
I hock scho fascht im blaue,
wie i mi uf d Vefolgung frei
vu flotte junge Fraue.

I druck de Chip glei i de Schlitz
un wart gschpannt ufs Signal –
On Ruck, s goht los, o heideblitz,
s giet Schtrom per Gaspedal!

Do vorne kurvt se elegant
um d wilde Buebe rum,
i druck se eng a d Pischte–Rand,
wenn i noh nah dra kumm.

Kaum gseet, do knallt de Gummiring
uff de ander Puffer –
un min elektrisch Zudringling
macht wohl de letschte Schnuufer.

Mir hauts bim Ufprall d Birn an Schtang,
min Schädel schpirt scho Schtrom.
De Haxe eiklemmt in re Zang.
Hon d Schnauz etz voll – synchron.

Im Kettekarussell

Mensch, do lockt en freie Sitz,
der hängt dirt a de Kette.
I hock mi druf glei, heideblitz,
hon i de Fauscht s Billettle.

Mir baumlet d Fieß, de Gurt hot klickt,
s goht langsam los, i schpiers.
De Fahrtwind i de Nase zwickt,
i loss mi los, riskiers!

»Durch die Lüfte« saus i rum,
un krieg zmol fascht ko Luft.
Mi ziehts weit naus, häng schräg un krumm,
mei Luscht am Flug vepufft.

S negschte Mol hock i in Schwan –
mit dir, kumm, zammerutsche,
mir schwebet sanft im Schmusewahn
denn i de Schwanekutsche.

S Orcheschtrion

»Kummet Kinder, rennet schnell,
heit koschts d halbe Preis:
Juck du ufs Ross vum Karussell
un reit um d Welt im Kreis!«

Scho tutets dreimol kurz un schrill!
D Mamme schtoht denebe.
De Bue guckt weng veschrocke schtill:
Glei schpiert er s Holzpferd lebe.

Im Nu veschwunde isch de Max,
de Fahrtwind blost um d Nase,
de Abschiedsschock en kläne Klacks,
Sekunde druf Ekstase!

I schtand debei, wa heer i grad?
Ganz klar: s Orcheschtrion!
S schpillt »Heinzelmännchens Wachparad« –
mi freit do jeder Ton.

Mir kummt in Sinn sell Dirigent,
de Taktschtock zackig schwinge,
alle Kinder kummet grennt,
wenns dröhnt un d Schelle klingle.

Bei sellem Marsch do hupft oms Herz,
do lächlet d Leit sich zue.
I schpier finale Abschiedsschmerz:
S Orcheschtrion hot Rueh.

Seifebloose

Seifebloos – mei Wunderwelt,
i bloos, scho blüehsch bunt uf,
du zittrigs, schillrigs Himmelszelt,
du schteigsch leicht luftig nuf.

So manches schtille Glick schenksch mir,
zerbrechlich bisch, hauchdünn.
E Brisle kummt, bin noh bei dir,
sell Treimle isch min Gwinn.

Sekunde dauret s Lebe bloß,
un wenn min Traum z schnell platzt,
dunk i min Blosring fix i Dos,
i d Seifelauge-Satz.

S ganz Lebe isch e Seifebloos –
flüssig, flüechtig, frei –
min Kindheitstraum losst mi nit los:
Mei Seifeblooserei!

Sehnsuchtsbolle-Zuckerwatte

Himmelswelkle, Wattebolle:
us em Kessel duftets do.
Sell Faddegschpinscht am Schtab ufrolle –
bim Luege freit sich d Schpucke scho.

Zerscht Zuckerperle, flüssig schnell –
rasant sich alls im Kessel dreht,
scho glitzret d zuckrig Fäddle hell,
i monn, dass do onn zaubre dät.

Heiß beiß i nei, ins klebbrig Nint,
schpier a de Zung des sieß weiß Gflecht.
I kau un schmeck wie d Schulerkind –
un schluck glei alls! Etz wird s mer schlecht.

Schießbude

Mei Herz schleet bis zum Hals glei nuf,
i pack de Karabiner,
uf sell Röhrle ziel i druf,
i schieß mit klä Kaliber.

Weng zittrig schpier i d rechte Hand,
d Kimme suecht glei s Korn.
»Hosch denn scho de Hebbel gschpannt?«,
rueft sell Kerl dirt vorn.

Der hot etz no e bleede Gosch,
der bringt mi durenand,
»Etz schieß scho, sei kon feige Frosch!«
Do triff i d hinter Wand.

I bschtell nomol fimf Schuss am End
un pfetz die Röhrle weg.
I bin en Cowboy sapperment,
sell Großmaul kriegt en Schreck.

Als Preis krieg i en Kuschelbär,
i häng mern um de Hals.
Un wenn es eine »Bärin« wär,
däts basse jedefalls.

BLUMENWIESE

Schmetterling

Do schwebt r, min Zitronefalter,
luftig, leicht zum Flieder na,
saugt rüsseldief im Blietlehalter,
so lang r sich dra halte ka.

D Flieder glieht rot, violett,
zart gelb hockt druf sin Gascht,
e Windle schauklet luftig s Bett,
un s Blietle gnießt d sieß Lascht.

En Flügelschlag, en Flatterschatte,
sanft seglet r devu
zu de negschte Bluememmatte –
mi dunkt, er winkt mr zue.

Sin zarte Wink, der bringt mr Glick,
i schpier, dass ebbs bassiert:
Mei Lebe ändret sich e Schtick –
als Schmetterling kaschiert.

Gladiole

Ufrecht gwachse schtohnd se do,
die kleene Gladiatore,
schtrecket d Bliet de Sunne no,
e Zeiche vu amore.

Ob rosa, weiß, gelb, violett,
uuschuldig, elegant.
Diä hond en schäne Summer ghet,
voll Sunne leichtet s Gwand.

Mi fasziniert sell Blieteschwert,
weit offe schtohnd diä Trichter,
frech un munter, nint veschperrt,
grad jede Bliet hot Gsichter.

Falteschä un kurvenreich,
wiä schtramme Amazone,
kone isch de andre gleich,
Gladiole schmicket Krone.

Im Garte noch de Sunne gschtreckt,
uf dicke griene Schtengel.
Etz hond s mer d Lebensluscht frisch gweckt –
sell Gladiatore-Engel.

E schtolze Roos

E schtolze Roos, diä zeigt dr Dorne,
do schpiersch im Nu, was gschlage hot.
Loss Dope weg, glei gset vu vorne,
Gwalt mag di nit, weil sell it goht.

Die buschig Pracht, de Wuchs, diä Kraft,
s rot Blietefeier brennt –
diä schtoht bigoscht im volle Saft,
do schmecksch de Orient.

Knoschpe schwellet, platzet schier
us de gschlossne Häutle,
s Sunnelicht wirkt Wunder hier.
Jede Blüet e Bräutle.

Im hellschte Licht lockt d Königin
mit Nektar i de Blüetle,
im Schtaubblatt hockt scho s Bienle drin,
schlürfts Balsam usem Tüetle.

Etz Zeit, etz schtand weng schtill für mi,
loss mi den Dag heit gnieße.
D Rosezeit schpürsch heit wie nie –
duet s Lebe dir vesüeße.

Min Löwezahn

Isch unsre Welt au no so rau,
du giesch nie uf, du bliehsch –
durch d Schtei un d Wurzle kämpfsch di schlau,
suechsch d Sunne, bis se siehsch.

Du schtrahlsch als gelbe Zackeschtern,
so blinzlesch naus i d Welt.
Dei Lebbe lebsch, jo, un wie gern,
us d Ritze nebem Feld.

Löwezahn, du schenksch mer Muet,
uf jedem Schritt un Tritt,
du bliehsch un bliehsch, us dir schtrömt d Gluet
un d Hoffnung grad demit.

Du wurzlesch dief im Bode drin,
des Plätzle isch dei Welt.
E luftigs Lebe isch din Gwinn:
Hosch d Leichtfluegschirmle bschtellt?

D Kinder blooset d Schirmle frei,
un treimet weng vum Glick.
E wengle treim i mit debei –
en schäne Augeblick.

Priemele

Priemele, bisch au scho do?
Du bringsch de Friehling mit.
Sottsch mi nit länger warte lo,
i bruuch de Winter it.

Du bisch die Erscht, die d Leit etzt freit
mit Farbepracht un Duft,
s goht ufwärts i de heller Zeit,
i schmeck scho d frische Luft.

Gelb, orange, blau, weiß, gluetrot –
i hon d grescht Freid am Gucke.
Schlisselbliemle, Friehlingbot,
i kennt di a mi drucke.

O Priemele, du lachsch mi a,
i schpier dei Friehlingskraft –
i schteck di a mei Revers na,
denn wär mol s meischte gschafft.

S Schlisselbliemle

Schlisselbliemle, du bliehsch zerscht
im Johr, locksch Mensch un Tier.
S wär alles nint, wenn du it wärscht,
fir d Hummle d Himmelsdüer.

Au d Falter suechet zielgenau
din Nektar un beschtäubet
dei Bliete-Röhrle dief – wie schlau,
wa d Schmetterling so treibet.

Du Primele mit Schloss un Schlissel
un Honig i de Bliete,
bisch s Ziel vu Gäscht mit lange Rüssel –
dunt schtumm ihr Gheimnis hüete.

D Natur isch herrlich, endlos weit.
Um s Bliemle weht weng d Ewigkeit.

ALLTAG

Wa mer so bruucht

E wengle Sunne, e wengle Wind,
e wengle Schatte fir de Grind,
e wengle Frischluft, e wengle Platz,
e weng e Ahle vu dim Schatz.

E weng e Gläsle mit me Schprutz
Rotwei, bruuchsch etz, Gottfriedschtutz.
E Bänkle weng zum Anehocke,
e Veschper dät mi scho grad locke.

E wengle Wärme dät mer guet,
e weng en Zuschpruch gäb om Muet,
zu zweit weng gosche iber d Zeit,
was om fuchst un was om freit.

E wengle s Neischt vum Nochber heere,
e wengle lache un weng pläre,
weng lose, wa giets do un dirt?
Sich ärgre, dass alls deirer wird.

Mer bruucht it vill, e Stickle Glick,
wenn d gsund bisch, hosch scho s beschte Schtick.
Un denn din Gschpane a de Hand.
Zletscht merkschs: S isch fascht s Schlaraffeland.

Zum Sechzger Fescht

Du wottschs jo werre, un au it,
me quält sich weng mit sechzg.
S kunnt it druf a, ob du des witt,
es isch e Gschenk, e echts.

E Gschenk ischs, dass no drohtig bisch,
e Gschenk, dass s Hirn all funkt,
un wenn d noch Luft schnappsch wie en Fisch,
denn hond se di grad dunkt.

Etz zuck it zamme, halb so schlimm,
wenn heit de Sechzger schtoht,
gib dim Humor e schtarke Schtimm,
vor Freid, dass alls no goht.

Mr bruuchet di mit Haut un Hoor,
du derfsch uns nie nit fehle.
I heer, du hettsch e Kur etz vor?
Die werret di schä quäle!

Die pfetzet di ins Gnick un Fiddle,
un hungre muesch wie d Wölf,
ums Friehschtick muesch scho bettle, bittle,
un Kerner kausch um zwelf.

Schnell schlottre d Hose, zittret d Knie,
wirsch runzlig, wacklig, gschunde,
zu sellrer Kur, do willsch du hi?
Zum Härtetescht fir Gsunde?

Sag ab, bliib do und feire s Fescht:
Du bliibsch fir uns de Allerbescht.

Etz isch s soweit

Achtzg Jährle rum, im Nu vebei,
gucksch dreimol i de Pass:
I mon, des muess en Fehler sei,
grad heit macht s Lebbe Schpass.

I denk, i schpinn, erscht neilich wars,
hond mr en Runde gfeiret,
ihr waret domols doch debei,
bin i scho weng bescheiret?

Etz muess i mit em Achter lebbe,
sell Null isch no mei Freid,
en kläne Troscht kennt d Null mr gebe,
zwelf Monet nullte Zeit.

Zum Achtzger Fescht do schreibet d Leit:
»So alt wird jo ko Kueh!«
Au seller Hornochs duet mer leid,
meh sag i it dezue.

Denk i heit zruck: »Wosch au no sell?
Wa hommer alls scho gmacht?
Au dunkle Däg, des wosch jo, gell,
am End hond mir denn glacht.«

S ganz Lebbe hot en Wellegang,
am beschte schauklesch mit,
un hoffsch, blibsch gsund debei – recht lang.
Meh bruuchsch jo wirklich it.

MONATSBILDER

Winterwelt

Stille weiße Nacht,
blendend heller Tag,
Schnee blüht voller Pracht
wie süßer Sahneschlag.

Äste neigen tief
weiß-watteschwere Zweige,
die Dächer wellig schief,
Bewegung geht zur Neige.

Schnee gestampfte Straße –
durchfurcht und bucklig hart –
bei kitzlig kalter Nase
wächst Eiskristall im Bart.

Wir stampfen querfeldein,
mein kleiner Hund und ich
im Wintersonnenschein:
Ich hab die Welt für mich.

Januar

Januar, noch jung das Jahr,
kindlich, frisch und offen,
schon taucht ab, was gestern war,
uns bleibt das große Hoffen.

Januar, du junger Spund,
du knirschst zu meinen Füßen,
der Atem dampft mir aus dem Mund,
der Winter lässt schön grüßen.

Werden unsre Wünsche wahr?
Verschafft uns Impfstoff Luft?
»Negativ« – wie wunderbar,
»immun« – die Angst verpufft.

Die Hoffnung wächst, wir schaffen das,
wir wollen überleben.
Starke Sehnsucht ist das Maß,
sie bestimmt das Streben.

Den Anfang erst, uns ist das klar,
erleben wir im Januar.
Den Rest dann gut verschmerzen,
mit allzeit heißem Herzen!

Februar

Länger Licht und Narrenschar,
ich spür tief in mir drinnen:
Jetzt ist er da, der Februar,
der Frühling will gewinnen.

Kälte, Wärme, Sonnenschein,
belebte Bächlein rauschen,
letztes Eis zerfließt sprühfein,
wir sehen, riechen, lauschen.

Ein Christbaumzweiglein winkt mir noch,
halb grün und halb verdorrt.
Dunst steigt aus den Wiesen hoch
und scheucht das Gestern fort.

Nebel steigt, der See erscheint
sanft glitzernd, kraus gewellt.
Boote schaukeln angeleint
noch unterm Winterzelt.

Spazierengehn, dem Wind entgegen,
befreit mir Seele, Hirn.
Wandern auf den Hundewegen,
wärmt Herz und kühlt die Stirn.

März

Feucht dampft Boden, Reifkristalle
glitzern früh am Morgen,
ich schreite durch die Nebelhalle,
die Ferne liegt verborgen.

Jetzt hebt sich wie von Zauberhand
empor der graue Schleier:
Wege, Wiesen, Ackerland,
Bach aufwärts stelzt ein Reiher.

Flöten, piepsen, pfeifen – hell
durch die Lüfte sausen,
Vögel flatternd, schwirrend schnell,
sanft süßes Frühlingsbrausen.

Linde Lüfte, neues Streben,
um Knospen quellt schon Laub,
Südwind wärmt zu neuem Leben,
ich spür Sahara-Staub.

Doch immer noch droht Ungemach,
der Winter liegt auf Lauer.
Und wirft der März mir Schnee aufs Dach,
dann werd ich richtig sauer.

Frühling

Kommt er oder kommt er nicht?
Schon wird das Warten lang.
Stille Sehnsucht nach mehr Licht,
nach neuem Sturm und Drang.

Plötzlich steht er da und strahlt
mir Wärme ins Gesicht,
lichter Himmel, blau bemalt,
die Morgenkühle bricht.

Ich spür die sanfte Explosion,
die neu erwachten Kräfte:
»Der Lenz ist da!« Sanft süßer Ton –
in Bäumen steigen Säfte.

Schlüsselblumen und Narzissen,
Knospengrün, welch Pracht!
Doch plötzlich aus dem Traum gerissen:
Blitz und Donner kracht.

Aus das Schwelgen, aus die Lust,
wild prasselt Regen nieder,
jetzt Graupelschnee, welch Wetterfrust:
Das Leben hat uns wieder.

Kommt er oder kommt er nicht?
Bleib Frühling, bleib zur Stell!
Dem Winter, diesem Bösewicht,
verbrennen wir das Fell.

Endlich Mai

In voller Pracht, jetzt kommt der Mai,
bringt Wärme, Wonne, Lust,
sprengt Knospen auf, gibt Blüten frei,
durchlüftet mir die Brust.

Ersehnte Sonne streift das Land,
belebt, macht Mut, schenkt Kraft,
uns überrollt das grüne Band,
befreit uns aus der Haft.

Auf Zukunft wird mein Blick gelenkt,
dabei sein, welch ein Glück,
neues Leben wird geschenkt,
nein, jetzt nicht zurück.

Alles neu, das macht der Mai,
unsre Welt erblüht,
hoffentlich bist du dabei:
Freu dich, dein Herz erglüht.

Juni-Regen

Wind und Wetter, klamme Kühle,
das kann doch nicht der Juni sein!
In Gärten tropfen Tische, Stühle,
die Vöglein zwitschern trist allein.

Nur Joe, mein Hund, patscht durch die Pfützen,
schnuppert doppelt lang im Gras.
Doch unsern Wäldern wird das nützen,
und grünen Fröschlein macht es Spaß.

Drum freuen wir uns über Regen,
wenns nicht grad kübelweise gießt,
sanftes Rieseln wird zum Segen,
wenns dir den Urlaub nicht vermiest.

Und wie wird das Wetter morgen?
Wieder grau in grau und feucht?
Du kannst viel schirmbewehrt besorgen,
kurzer Weg, Ziel schnell erreicht.

Wasser, Wasser, welch ein Segen,
welch ein Schub für die Natur,
mir kommt der Regen sehr entgegen:
Für Gärtner einfach Luxus pur …

BLUMEN

Freesie

Duftig zärtlich, süß charmant
lockt helles Weiß im Licht,
grazil, betörend, elegant –
welch Sanftmut, wenn sie spricht.

Aufgereiht als Knospenkamm,
in Reih und Glied sich wiegend.
Ein Rausch für Braut und Bräutigam –
sich in den Armen liegend.

Herzensbotin, Blütenschönheit,
verbinde unsre Seelen:
Schenke Liebe, Sinnlichkeit
für ein ganzes Leben.

Orchidee

Verwirrt, verzaubert, fern entrückt,
geheimnisvolle Macht.
Farbenduft berauscht, beglückt:
Welch Orchideenpracht.

Blütenkelche weiß, blau, grün,
flammenrot die Lippen,
der Schmetterlinge Flügel blühn,
Bestäuberbienen nippen.

Venusschuhe, Knabenkraut,
Traubenblüten hängen
bereits als Schmuck manch schöner Braut
bei feierlichen Klängen.

Orchideenfieber glüht,
die Sinne gehn auf Reisen,
was in der Fantasie geschieht,
lässt Sterne uns umkreisen.

Amaryllis

Amaryllis, Wunderblüten,
wachsen bis zur Explosion,
rote Kelche, heißer Süden,
direkter Weg zur Illusion.

Welche Kraft der Ur-Natur,
schießt in diesen Stengelschaft,
Sonnenstrahl schenkt Wachstum pur,
Blütenstempel, Lebenskraft.

Fasziniert staunt der Betrachter,
kann kaum fassen, was geschieht,
Sterngebilde – Vierer, Achter:
Die Amaryllis voll erglüht.

Auch ihre Glut hat ihre Zeit,
jetzt genieß den Augenschmaus
wie eine kleine Ewigkeit.
Die Lust zu leben, geht nie aus.

Gladiolen

Aufrecht steil voll heißem Mut,
zarte Gladiatoren,
feuerfarben, Funkenglut,
zum Augenschmaus geboren.

Rot, weiß, gelb, pink, violett,
mal Unschuld und mal Vamp,
mal duftig und mal süß kokett,
mal vertraut, dann fremd.

Aufgesprungen, offen weit,
aus Knospen werden Trichter.
Feuerwerk der Sommerzeit –
mit lächelnden Gesichtern.

Sie spiegeln uns das große Glück,
die Blüten ausgestreckt,
uns fasziniert ihr Sehnsuchtsblick:
Die Lust zu leben wird geweckt.

Kamelie

Kamelie, stolze Eleganz,
du Fee aus fernem Osten,
vornehm weiß wiegst du im Tanz,
lass deinen Duft mich kosten.

Zarte rosa, rote Fülle
voller Harmonie –
wie süß dein Rauschen durch die Stille –
welch zauberhafte Melodie.

Du sprießest steil aus dunklem Strauch
wie Phönix aus der Asche,
bedrohlich blutrot – kühl der Hauch,
dein Geist steigt aus der Flasche.

Zeitlos schön, erhaben stark,
begleitest du mein Leben.
Dein »Willkommen« dringt ins Mark,
lässt meine Seele beben.

Rosenpracht

Welch glutrotes Blühen entzündet die Welt,
der Rose betörende Düfte
verführen, besprühen das himmlische Zelt,
voll Zauber berauschender Lüfte.

Geöffnet die Pforten, magnetisch die Kraft
auf Nektar heischende Gäste:
O Rosentau, du sinnlicher Saft,
für Falter das Fest aller Feste.

Geliebte Rose, süß selige Träume
schenkst sanft lächelnd du mir,
öffnest fremde Sphärenräume –
welch ein Glück – ich folge dir.

Dann – deiner Dornen Stich ins Blut:
Unter die Haut, der Schmerz tut mir gut.
Der kleine Piekser bringt zum Glück
mich schnell in meine Welt zurück.

Mondsicheln

Sicheln wie Boote auf blaudunklem See,
still ziehen Laternen vorbei.
Weichsanft wiegt die tänzelnde Fee.
Ahnst du den Wonnemond Mai?

Vertrieben die nächtlichen Schatten der Angst,
Gedanken schweben davon:
Im Flug du mondwärts ins Traumland gelangst –
Luna erwartet dich schon.

KULTUR

Konzil Konzert

Da sitzen sie in Reih und Glied,
Musikexperten pur,
erwarten, dass man sie auch sieht,
Personen mit Kultur.

Vorweg der Intendantin Wort,
kokettiert mit Witz,
perfekt gestylt am Auftrittsort,
im langen Kleid mit Schlitz.

Gewichtig, locker, amüsant,
gelehrte Worte fließen,
sie weiß von Mozart allerhand,
lässt Brahms und Gershwin grüßen.

Dann Podium frei, es kann jetzt glücken:
Der Maestro, ganz der Star,
er strahlt, erklimmt – geschient, an Krücken –
den Hochsitz, Skifall, klar.

Ruhe, Stille, Taktstock hoch,
ein letzter Blick, Schlag, Einsatz:
Presto, mehr, mehr, geht das noch
für Almavivas Lust-Hatz?

Läufe perlen, rieseln hell
rasant hinauf, hinab,
das Fingerspiel gelenkig schnell,
akzentreich, Gesten knapp.

Strahlend Dur, bedrohlich Moll,
fortepiano, jetzt!
Sforzato, deutlich, rasend toll,
prestissimo zuletzt.

Beifall brandet auf sofort
für Dirigent samt Mozart.
Orchestraler Spitzensport:
Performance à la Pop Art.

Drei einundvierzig, frech und flott,
das Tempo heiß, der Clou.
Jetzt Brahms, die Vierte, o mein Gott,
dann »Rhapsodie in Blue«.

Bei Gershwins Drive vibriert das Haus,
der Pianist der Held.
Das Tutti glückt, folgt Stampf-Applaus,
Venzagos Weg gefällt.

Orgelbaumeister

Er hat sie im Blick, die Bestie auf Lauer,
die Klangrausch-Königin,
er sitzt vor ihr, spürt Kribbel-Schauer,
greift rein, schon sinkt sie hin.

Das Untier brüllt, es schnaubt und faucht,
die Bässe stampfen dumpf,
dann wild in Jubel eingetaucht,
ein Freudentaumeltrumpf.

Rufe, Rhythmen, Klänge, Rauschen,
atemloses Stürmen,
Triller, Praller, Läufen lauschen,
Stretta dröhnt aus Türmen.

Fugenkunst, Bach explodiert,
Kirchenmauern beben,
im Toccata-Sturm vibriert
barocke Lust, welch Leben.

Die Orgel, dieses Wundertier,
Garant für neuen Klang.
Claudius, wir danken dir:
Ein großer Wurf gelang.

Der Orgelkönig
(sehr frei nach Johann Wolfgang von Goethe)

Wer orgelt so spät am Abend geschwind?
Maestro Johannes! Der Stummfilm beginnt.
Vorspann, es flimmern die Namen von damals,
noch harmlos erklingen die Töne des Dramas,
die wilden Zwanzger vor hundert Jahren:
»METROPOLIS« läuft – mit Menschen in Scharen.
Domorgler Mayr, Künstler, Professor,
ergreift Manuale, der Tastenaggressor –
die Läufe, sie perlen vom Bass zum Diskant,
zwei Füße bewegen Pedale, riskant.
Die Szenen, die wilden, marschierende Massen,
gewaltig, erschütternd, der Sturm, nicht zu fassen.
Im Turm der Empore da brausen die Pfeifen.
Die wuchtigen Klänge, Register ergreifen
die Hörer, gebannt in den Bänken gedrängt,
sie zittern und beben, da wird nichts geschenkt.
Es donnert von oben, vibrieren die Zungen,
um Leben und Tod wird hitzig gerungen.
Gebläse und Bälge zischen und stöhnen,
es klappern Ventile zu lautgrellen Tönen,
Cluster und Klänge in allen Mixturen,
der Film rauscht voller zerstörender Spuren.
Hell-dunkel, tief schwarz und grell-weißes Licht,
die Orgel, sie sauset, ja hörst du sie nicht?
Um Hilfe sie fleht, um Erlösung, Finale!
Der Maestro in Trance, am Marterpfahle,
Besucher erschöpft, die Filmlust gestillt –
Schlussexplosion! – Kulturziel erfüllt!

Orgeldiplom

Wer orgelt so spät in tiefer Nacht?
Wir sind flugs um den Schlaf gebracht:
Bachs Toccata, Reubkes Psalm,
Regers Fuge, das Hirn im Qualm.

Klangkaskaden, Triller, Läufe,
der Orgler zeigt gleich wahre Reife.
Jetzt Schönbergs Zwölfton-Monument.
O mein Gott, ein Setzer klemmt.

Die Orgel braust, drei Manuale,
die tiefen Bässe der Pedale.
Zum Finale! Es brucknert famos.
Der Orgel grausets, in ihr ist was los.

Wir lieben den Orgler, der Finger Gewalt,
das Jüngste Gericht droht allen gar bald.
Es wummern die Bässe, es schrillt im Diskant,
das höllische Feuer riecht teuflisch verbrannt.

Juroren erschüttert, die Klänge verrauscht,
himmlischer Ruhe wird lang noch gelauscht.
Frenetischer Beifall, betrunken vor Glück
winkt unser Meister der Orgel zurück.

Aus das Spiel, die Höllenfahrt:
Diplom bestanden! Künstlerstart!

Viermal die Neunte

Die Neunte mal in Singen singen,
da kommts dann gleich zum Schwur,
du stehst allein und musst es bringen:
Der Akustik auf der Spur.

»Konzert in Konstanz« heißt Konzil,
die Bühne eng und heiß,
Chor konzentriert aufs Wir-Gefühl,
und sofort bricht das Eis.

Luzerner Glück: das KKL,
direkt am See, ein Traum,
der Chor staunt und begreift blitzschnell:
Unendlich groß der Raum.

Zu dreimal dreißig, hochgestuft,
bewegungslos verharren.
Dann vierter Satz, die »Freude« ruft –
und tausend Augen starren.

Ein Wink von vorn, der Chor steigt auf
wie Phönix aus der Asche.
Der vierte Satz nimmt seinen Lauf,
der Geist steigt aus der Flasche.

Zum Schluss nach Zürich, welch voller Saal,
Tonhalle – weltbekannt.
Grün! Jetzt Einstieg, noch einmal,
manch Knopf am Kittel spannt.

Der Cherub steht – erneut – vor Gott,
gebunden, lang, noch länger.
Der Chor trainiert – hat keine Not,
im Hals wirds eng und enger.

Die Fuge im Sechs-Viertel-Takt,
»stürzt nieder« in Sextolen,
souverän die Nuss geknackt,
der Maestro grinst verstohlen.

»Wo dein sanfter Flügel weilt«,
das Auge auf den Taktstock peilt,
und hofft, dass er auch kommen mag,
des Maestros klarer Achtel-Schlag!

Das Publikum erwartet froh
»den Kuss der Welt« prestissimo.
»Seid umschlungen« schneller, schneller,
bei »gahanzen« in den Keller!

Zackig jetzt »der Brüder Lauf«,
solch Marschmusik bricht Herzen auf.
Der Freunde Flügel binden Brüder:
Wann sehen wir die Schwestern wieder?

Für »Töchter aus Elysium«
biegt sich der Maestro waagrecht krumm.
Auf zum letzten Götterfunken –
berauscht der Chor, Musik macht trunken.

Applaus, der schönste Götterfunken,
schickt alle ins Delirium,
die Sänger lächeln beifallstrunken
entzückt ins Zürcher Publikum.

Bravo-Rufe, Jubelklatschen
von Menschen mit Musikverstand,
minutenlanges Händepatschen
für Nachbarn aus dem deutschen Land!

Der Maestro herzt den Chorboss sehr
und streicht die krausen Locken.
Die Damen herzt er noch viel mehr,
die Männer schlucken trocken.

Jetzt drängt der Chor ins Chorgestühl,
die Dankesworte fließen,
feuchte Augen, Glücksgefühl –
den Boden unter Füßen.

HERANWACHSEN

Schaukelpferd

O Schaukelpferd, du Kindheitstraum,
ins Leben gehts hopp, hopp.
Dein Holzfell glänzt am Lichterbaum,
auch du träumst vom Galopp.

Zurück und vor und vor zurück,
gehts über Stock und Stein.
Mit Auf und Ab ins große Glück,
was könnte schöner sein!

Immer wilder wird der Ritt.
Die Zügel los, rasant,
heiß und tollkühn! Wer fliegt mit?
Wir sausen durch das Land.

Der Puls schlägt hoch und Atem keucht,
der Horizont verschwimmt.
Stirn und Mähne werden feucht,
des Schicksals Lauf beginnt:

Ein Schlag, ein Schrei, ein tiefer Sturz,
statt Freude sticht der Schmerz.
Der Weg ist lang, das Glück nur kurz.
Mein Puls klopft jetzt am Sterz.

Teddybär

Wo kommt denn bloß die Karte her?
Im Urlaub schreibt Dir Teddybär:
»Ich sitz im Sand, mal grad, mal krumm
und schlotz ein Eis und brumm herum.
Vor Durst fällt mir das Saufen leicht,
so halt ich meine Schnauze feucht.
Jetzt kitzelt mich ein frecher Floh,
mich juckt das Fell an Bauch und Po.
Wie krieg ich nur den Sandfloh los?
Der zwickt und zwackt, was mach ich bloß?
Ich hüpf ins Meer! Der Floh vor Schreck
taucht unter und schwimmt einfach weg.
War das nicht schlau? Doch jetzt ist Schluss.
Ich schick Dir einen dicken Kuss!«

Jetzt rate, wer geschrieben hat!
Du weißt es schon? Da bin ich platt.

Mädchensextett

Cara, Lucie, das Duett
mit Liebe zu den Sprachen,
und vier dazu gibt ein Sextett,
ihr Markenzeichen: Lachen!

Maria, Anna, mit dabei
die flotte Katharina.
Man kennt die »Girlies zweimaldrei«
von Konstanz bis nach China.

3 D-bebrillt, horizontal,
sechs Mädchen außerirdisch:
Jake Sully ist ihr Held total,
gelitten wird »neytirisch«.

Avatar fliegt durch die Welt,
bombastisches Spektakel:
Das Gute siegt, das Böse fällt –
drei Stunden lang Mirakel.

Teenager

Jetzt schlägts dreizehn – Kindheit tschüss!
Dort winkt das freie Leben.
»Aus mit niedlich, aus mit süß.
Ich werds euch allen geben!«

Schon länger wächst in mir Verdacht,
dass Eltern manchmal stören.
Ihr Widerspruch nervt noch zur Nacht,
sie wollen gar nicht hören.

Mit dreizehn werden Buben blöd –
vielleicht auch nicht, mal sehn.
Parties mittags ganz schön öd.
Nachts elternfrei könnts gehen.

Die Kinderfesseln muss ich sprengen!
Rot gesträhnt ist schick,
ich trage Röcke aller Längen
aus Mamas Schrank manch Stück.

Hoff ich auf L. A. in der Nacht,
den ersten Solo-Flug,
sind Eltern um den Schlaf gebracht.
Ich bin jetzt alt genug!

Schwere Zeiten

Corona Viren – Welt im Lockdown,
das hats noch nie gegeben,
steril der Abstand, ringsum Sperrzaun,
in Quarantäne leben.

Digital und virtuell,
Kontakte streng dosiert,
ständig nahen Fristen schnell,
wer da nicht bremst, rotiert.

Management, Ökonomie,
Quantitativ-Methoden,
Politik in Theorie,
des Studiums fixer Boden.

Russisch, European Law,
rundum ein Paket,
wie schnell sind Prüfungszeiten da,
um die sich vieles dreht.

»International Affairs« –
das Schweizer Uni Flaggschiff,
dann Ausland im Visier, das wärs,
so bleibt das Ziel im Zugriff.

Kraft, Geduld, ein Quäntchen Glück,
Gesundheit sowieso.
Bald kehrt Normalität zurück –
die Zuversicht macht froh.

Zielgerade

Zügig auf die Zielgerade,
den Bachelor im Blick,
konsequent Klausur-Parade,
»credits« bringen Glück.

Politik, dann Steuerrecht,
law – international,
öffentliches Rechtsgeflecht.
Ist Ruandas Staat sozial?

Medien in der DDR,
du nimmst sie ins Visier.
Die Freiheit hatte es dort schwer,
»Regie« regierte hier.

Armenien: Kirche, Korruption,
Verfassung und ihr Wert.
Was weiß die Welt von Asien schon?
Wie man davon erfährt?

Pandemie, jetzt Jahr für Jahr,
schon in der ganzen Welt:
Corona lauert als Gefahr!
Nur Sicherheit, die zählt.

Vermeide jeden Tunnelblick,
halt Ohren, Augen offen,
dein »Master« winkt als Meisterstück –
lässt dich auf Freiheit hoffen.

VORWIEGEND HEITER

Zeitenlauf

Ein Jahr vorbei, Zeit rinnt dahin
im Räderwerk mobil.
Jetzt suchst du nach des Lebens Sinn?
Der Weg ist doch das Ziel.

So manchen schönen Augenblick,
du wünschst ihn festzuhalten.
Schließ die Augen, denk zurück.
Lass Fantasien walten.

Wirf den Blick aufs nächste Jahr,
mutig sein und hoffen,
manch kleine Träume werden wahr –
bleib für die großen offen.

Und werden mal die Kreise klein
und kleiner ganz zum Schluss,
dann lächle still in dich hinein:
Erinnerungsgenuss.

Andi und Andi

Andi und Andi, das wär ein Gespann,
da ging es politisch so richtig voran:
Der eine bellt laut, der andere leiser,
von manchen gefürchtet als Waden-Reinbeißer.

Im Fell gleich gefärbt, schwarz-weiß passt perfekt:
Schwarz die Gesinnung, politisch korrekt.
Und weiß bleibt die Weste, nie schlagen sie Schaum.
Sie lieben Natur, ihr Freund ist der Baum.

Der eine geht Gassi und sorgt selbst für Duft,
der andre schnuppert berlin-weit die Luft.
Gekämmt wird der eine, der andre lässt Haare,
doch beide sind unsere Prachtexemplare.

Aufregender Einkauf

Ein Netz Orangen, fünf Bananen,
harte Nüsse, rote Rahnen,
Blaukraut, Frischmilch, Magerquark –
Adventssuchlauf im Einkaufsmarkt.

Hallo hier und Salü dort
am Paradies-Begegnungsort.
»Wie gehts denn so im Ruhestand?«
Einkaufszettel linker Hand,
und rechts den Gutschein »Flaschenpfand«.

Was fällt mir heute dazu ein?
»Hier bin ich Mensch, hier darf ichs sein!«
Locker lächelnd – leicht gequält,
denn, o verdammt, der Schnittlauch fehlt.

Schlau stell ich den Wagen hier
ins Eier-, Käse-, Milch-Revier.
Da steht sie nun, behindert Leute,
meine Jäger – Sammler – Beute.

Glücklich ist, wer nicht vergisst,
da andernfalls man Opfer ist.
Ernüchterung mein Hirn durchweht:
Jetzt ganz zurück – der Schnittlauch fehlt.

Leicht erhitzt per Stopp and Go:
»Heut schickt Sie sicher Ihre Frau?«
Das hört man gerne, so als Mann –
und hirnt, wie man das kontern kann.

Geschafft! Mit Schnittlauch ausstaffiert
zurück zum Wagen, routiniert
drück ich mich durch die träge Masse.
Kein Wagen da! Ich stöhn: »Na klasse!«

Der Puls in meinen Schläfen klopft,
schon Kaltschweiß von der Stirne tropft.
»Da klaut doch einer Einkaufswagen«,
will ich grad so halblaut sagen.

Da entdeck ich in der Enge
gleich drei Wagen im Gemenge,
voll bestückt, doch herrenlos.
Doch meiner fehlt – wer hat den bloß?

Dort unter Bier-Packs, Nudeln, Pizzen
seh ich orange und gelb es blitzen.
Und zwischen Speck und Schweinebraten –
liegt mein Einkauf samt Tomaten.

Jetzt heißts handeln, nix wie weg,
zieh ich den Karren weg vom Fleck,
schnell zur Schlange vor der Kasse.
Mein Einkauf hat besondre Klasse.

Was das Laufband transportiert,
zahl ich verlegen, teils gerührt:
Gemüse, Obst und Milch war klar.
Doch was dann eine Überraschung war:

Auch Kinderschnuller, Windeln, Lätzchen,
Ausstechformen für die Plätzchen,
Strapse, Socken, Schokolinsen,
ringsum alle Gaffer grinsen.

Und zum Schluss noch: Kukident!
Mein Einkaufsdrama im Advent.

Hundeleben

Meck-Pomm-Land mit Hundestrand –
Gebelle am Gewelle.
Bello buddelt tief im Sand,
er wittert eine Quelle.

Herrchen, Frauchen werfen Stöckchen
weit hinaus in Glitzer-Gischt.
Dem Collie-Rüden triefen Löckchen,
schnauzhoch schwimmt er raus und fischt.

Den Stock fest in der Kieferzange
treibt Gewell ihn gegen Land.
Dort folgt er seinem Schütteldrange
und stupst den Stock in zarte Hand.

Auch der Mensch beißt auf die Zähne,
stürzt er sich ins Lebensmeer,
hält die Schnauze, ändert Pläne,
schüttelt sich und schreit: »Mehr, mehr!«

Ein Urlaub im Süden

Still liegt der See, die Sonne, die lacht,
den Blick auf die Alpen, das Frühstück gemacht.
Der Kaffee fein duftet, die Brötchen gebuttert:
»Komm schon zum Frühstück, jetzt wird gefuttert!«
Er ruft seiner Frau in die Küche hinein:
»Hier bin ich Mensch, hier darf ich das sein!«
Terrassenglück pur – südlicher Strand,
für Männer des Nordens Genuss allerhand.
Das Glück scheint vollkommen, so morgens um zehn,
den Blick zu den Alpen, so steil, o wie schön.
Plötzlich ein Schrei, ein Aufsprung wie wild,
hat eine Tarantel ihn fast schon gekillt?
Sie kennt diese Szenen, wird immer geschockt:
»Bleib sitzen! Ein Bienchen vom Honig gelockt
sucht Süsses vom Teller, es bringt nicht den Tod!«
Doch er fuchtelt und zappelt, so groß seine Not,
der Schweiß fließt aus Poren, mal sichtbar, mal nicht,
längst glühen die Ohren, glutrot sein Gesicht.
Ohne den Stich und ohne 'ne Schwellung,
er flieht von Terrasse und wechselt die Stellung:
»So geht das nicht weiter, der Urlaub vergebens,
ich brauch eine Klatsche zur Rettung des Lebens!«

Die Klatsche besorgt, Tag zwei kann beginnen.
Mit Klatsche muss er den Kampf heut gewinnen.
Das Frühstück ergänzt, gleich am Tag zwei,

durch Klatsche, die liegt stets zum Einsatz dabei.
Gelassen, gespannt und munter zugleich,
zur Abwehr bereit im Klatschenbereich.
Reichweite Arme. Geschwader fliegt ein
mit Summen und Brummen, jetzt schon zu drein.
Erhoben den Arm, die Klatsche in Faust,
wies Fallbeil einst herunter sie saust,
sie knallt auf den Tisch, an der Tasse vorbei,
ein Meißener Teller bricht klirrend entzwei,
der Stab, auch geknickt, aus eins werden zwei.
Drei Wespen, sprich Bienen, die schwirren davon.
Entnervt ruft die Gattin: »Das ist jetzt der Lohn!«
Doch schnell schon hat er die Klatsche geflickt;
gespannt in den sonnigen Süden geblickt.
Ein einsamer Brummer kreist über dem Kopf,
und wittert den Honig da unten im Topf.
Da wird dem nordischen Gast plötzlich glasklar,
dass »Abwehr per Klatsche« nicht optimal war.

Schließlich dann der Geistesblitz –
»Die Wasserabwehr«, ohne Witz:
Die Wespe wird brutal getäuscht,
ein Trick, wirkt wie bei Menschen meist:

Ein Spritzer Wasser per Flakon,
sie denkt, es regnet hier – und schon
dreht sie ab und warnt die ihren,
die im Nest nach Süßem gieren.

Am Tage drei: Welch Finderglück
per Drogerie »Zerstäuberstick«!
Seither jeden Kampf gewonnen,
wenn Wespen früh zum Frühstück kommen.
Ein nasser Strahl trifft, und behende
folgt der Abflug – aus und Ende.

EIN ALEMANNE AN DER OSTSEE

Strandsteine

Zackensterne, Donnerkeile
leuchten bunt im Strandgeröll.
Hühnergötter, Kreideteile,
Feuersteine schwarz, blau, hell.

Porphyrglutschmelz, vulkanisch alt,
begrüßt die Menschenkinder:
»Hallo, mein Freund, ich bin längst kalt,
greif zu, du bist mein Finder.«

Gneis als Schiefer kristallin,
geschichtet und gestreift,
milliardenalter Steingewinn,
auch du wirst heimgeschleift.

Sandsteinquarz, rot, braun, grau, weiß:
Die Beute fast komplett.
Gelohnt hat sich mein Sammlerschweiß:
Ein Ostsee-Stein im Brett.

Sand

Mensch, liegt hier am Ostseestrand
tonnenweise heißer Sand,
doch nirgends Beduinen.

Mensch, rauschen hier auf Rügenland
gischtkühle Wellen an das Land.
Schutz brauchen da die Dünen.

Der Mensch, der lechzt nach Sonnenbrand,
die Sonne bräunt hier allerhand
Verklemmten und ganz Kühnen.

Mensch, deine Spur verläuft im Sand.
Drum leg dich flach und bleib entspannt.
Heut heißts: Der Faulheit dienen.

Grüße aus Rügen

Sanft rauschen die Wellen am Göhrener Strand,
wir sitzen im Strandkorb und dösen,
zwischen den Zehen klebt Rügener Sand –
der Blick schweift zu krebsroten Blößen.

Dann waten wir rein ins weitflache Meer
und werfen uns Wogen entgegen.
Denn Salzwasser zehrt, das schätzen wir sehr
und halten heut Abend dagegen.

Scholle und Zander gebraten, nebst Aal
mit Schwarzbier, danach Rote Grütze.
Wir grüßen nun herzlich vom »Urlaub total«,
Euch an der Konstanzer Pfütze.

Andi gibt nach

Am Rügenstrand, da steht er stramm,
bellt heiser in die Brandung.
Vier Pfoten tief im Ostseeschlamm
trotzt er der nassen Landung.

Mit Wellen wachsen Wut und Groll,
die Schnauze trieft und zuckt:
Sand im Fell! Jetzt Schnauze voll!
Dazu sich noch verschluckt!

Die Wellen rollen kampflos aus.
Mein schlauer Hund kapiert:
Sein Rückzug läuft auf Sieg hinaus,
was selten so passiert.

Eine Qualle in Göhren

Blaudunkle See wellt weiß sie an Land
in rollender Gischt: die Qualle!
Farblos und kühl klebt sie flach auf dem Sand.
Die Neugier ward ihr zur Falle.

Sie wollte so gerne zum Nordstrand von Göhren
per Brise aus Ost samt Gewell.
Spritzkreischende Touris, die kann sie jetzt hören
aus Ost und West, nebst Gebell.

Jetzt liegt sie und leidet und trocknet bald aus
ganz wie Touristen im Schweiß.
Die Ostsee erbarmt sich, schwemmts Quällchen hinaus.
Es war ihm in Göhren zu heiß.

Ostseeinsel

Weißflaumiger Duft auf lichtblaues Papier gesprüht
Sanft schweben Silhouetten auf westöstlichem Kurs
Aus weit entfernter Küstenlinie winkt kreidiger Fels
Heiter herrscht friedlich der Sommer
Jetzt zwischen Gewelle und Dünenrieseln den Augen-
blick festhalten
Doch in der Stille schreckt aufheulend die Dampfpfeife
des Rasenden Roland
Abfahrtszeit heißt immer Abschied

Tiefdruck

Sturmgepeitschte Schwarzwolkenmassen,
aus Westen rasen die Schauer,
schutzlos Insel und Menschen.

Goldgebräunte Haut in Dorfkirchen,
Heimatmuseen und schmalfirstigen Rügenkaten:
Zeugnisse einfachen Lebens: Über Nacht Rarität
geworden.

Schwere Telefonate
Melancholie
Aus der Ferienbahn geworfen.

Unvergesslich

Wer nie sein Brot mit Flugsand aß,
noch nie auf einem Strandfloh saß,
wem nie der Schweiß in Bächlein floss,
noch nie verlor sein Strandkorbschloss,
wer nie den »Roland« rasen sah,
wer mutlos kneift bei FKK,
wes Bauch noch niemals krebsrot glühte,
wer sich noch nie um Brandschutz mühte,
wer schwarz sieht schon bei Lübzer Dunkel,
bei Bernstein hofft auf Goldgefunkel,
wer noch nie in Panik kam,
wenn Gräten sich der Gurgel nahn,
wen nachts das Rauschen deshalb stört,
weil Spülung er statt Brandung hört,
dem fehlen sicher »North Events«,
das Nonplusultra neuster Trends,
ihm wird nur eins genügen:
Vier Urlaubswochen Rügen.

Strandkorbtag

Ostwärts zur Sonne, kühl war die Nacht.
Wärme jetzt, Licht! Der Strand erwacht.
Stimmen von Kindern, entfernungsgedämmt.
Das Nachtmeer hat Strandburgen fortgeschwemmt.

Nördlich gestellt, Ostsee im Blick.
Brandung rollt hoch, strebt rasch zurück.
Es rauscht und perlt, sprudelt und zischt,
frischt auf, ebbt ab – Spuren verwischt.

Im Süden steigt schützend die Düne zum Wald.
Goldgelbes Gras, verwurzelt, gibt Halt.
Erprobt im Sturm, getrotzt der Flut,
leuchtet die Düne in spätroter Glut.

Rot glüht der Westen. Brise kühlt Haut.
Der Kreidefels grüßt. Brandung tobt laut.
Seemöven stelzen strandlängs entlang.
Schreie ersticken im Wellenklang.

Wechselhaft

Wechselhaft wolkig, böig bis windig,
kräftige Schauer von West.
Vermummte Touristen, teils friesennerzfündig,
teils freizeitklamottendurchnässt.

Flüchtige stürmen schlau Seebäderläden,
beglückt vom Sommerrabatt.
Wer zögert, riskiert flugs umsätzliche Schäden,
die walzen die Wirtschaft glatt platt.

Das Tief zieht vorbei, der Mensch stürmt zur See,
zahlt Strandkorbgebühr – oder nicht.
Dort drüben tropft die Kastanienallee.
Schnell Schutzfaktor zwölf ins Gesicht.

Spuren

Spuren einprägen im graufeuchten Sand,
gewichtiges Drücken und Formen:
Sohlenbilder markieren den Strand.

Grinsend lauert gefräßige See,
sich duckend gleich gischt sie an Land.
Gewelle verebbt – sanft dahin, passé.

Kanten brechen, versanden, flüchten
harmlos plätschernd davon.
Ewiges Spiel: Die Konturen vernichten.

Verloschen die Spur.
Nur Du bist mein Zeuge.

Ein Tag auf dem Darß

Ahrenshoop auf Fischland, Darß
an weißem Strand und Dünen,
bald hocken wir im Kiefernwald
und kühlen uns im Grünen.

Nach Prerow Ost, dann Zingst – mit Bier
aus Rostock, Scholle frisch!
Termin- und zeitlos sitzen wir
mit Freunden um den Tisch.

Abendsonne, rot und tief,
vergoldet reife Felder,
Windflüchter stehen trotzig schief.
Heimwärts gehts durch Wälder.

Dunkler Tag

Wolken verschatten grüngoldne Hügel
und schwarzsandige Wege am Strand.
Windflüchter ächzen wider den Sturm.
Wellen und Wind rollen flachsteigendes Ufer hinauf.
Dumpf crescendierendes Dröhnen
von krächzendem Schreien durchdrungen.

Das Ende?
Weit um den niederen Horizont schimmert
blaues Hoffnungsland.

Warten auf Sonne.

Kurzer Besuch

Eine kleine Ostseequalle
wirft sich heut mit großem Schwalle
an den Nordstrand zu Besuch.

Sie guckt sich um,
natürlich stumm
und liegt entspannt
am Rügenstrand
im heißen Sand.

Doch »Kur-Revier«
heißt »Zahle hier,
da Ordnungsmacht
Kontrolle macht.«
Gebührenfrei?
Längst vorbei.

Die Qualle hat sich Rügens Welt
zum Kurgastpreis nicht vorgestellt.
Per Rückwärtsrolle huckepack
beendet sie den Urlaubstag.

Kleines Ostseedrama

Fauchend stürzen Wellen an Land,
laufen versandend aus,
versickern als dunkles Band am Strand.
Doch s Quällchen will wieder hinaus.

Farblos im Strand, so wartet es stumm,
es weiß, die Brise schwillt an.
Doch Welle um Welle zu kurz, ach wie dumm.
Hilft ihm der Mensch nebenan?

Die menschliche Rothaut sitzt träge und stiert,
bewundert das Grünblau der See,
träumt schon von Lübzer und Scholle paniert.
Hoffnung auf Hilfe passé?

Die Rettung naht nachts. Die Brandung geht weit,
verschlingt unsre Qualle im Nu.
Geduscht und gesättigt – zu nächtlicher Zeit
findet der Mensch seine Ruh.

Heißer Rücken

Heiß der Rücken, kalt der Bauch,
und hautnah klebt der Sand,
aus Nord Nord Ost brist Ostsee-Hauch,
wir liegen platt am Strand.

Weit waten wir ins Meer hinein,
wir werfen uns in Wellen,
schrumpft in der Kälte etwas ein,
dann meist an falschen Stellen.

Am besten bleibt der Dünensand
auf Hautkrem recht gut kleben!
Drum krem dir nie dein Achternland,
so lässt sichs leichter leben.

Blau der Himmel, blau die See,
Genuss in vollen Zügen:
Mit Lübzer Bier und Lachsfilet
lebt sichs gut auf Rügen.

Wir steigen aus und bleiben hier,
wir leben als Piraten
und träumen still im Fluchtrevier
von Störtebekers Taten.

›Hoch auf Kreide‹ stehen wir
am Königsstuhl auf Rügen.
Schon Caspar David F war hier
und ölte vor Vergnügen.

Wir schippern nordwärts bis zum Kap
Arkona mit zwei Türmen.
Still ruht das Meer – ein bisschen schlapp –
im Winter solls hier stürmen.

Ein Seitensprung nach Hiddensee:
»Haus Seedorn«, endlich Schatten.
Vom Wandern tun die Haxen weh,
ich pfeif wie Hauptmanns »Ratten«.

Wir fühlen uns wie Räucheraal
und wälzen uns in Göhren.
Klein Zicker – Südkap – nächstes Mal!
Lasst auch von Euch was hören.

Am Dienstag auf dem Darß –
das wars.

Später Sommer

Nutze jeden Sonnenstrahl –
Licht braucht jedes Leben.
Genieß den Sommer noch einmal
und lass die Seele schweben.

Die See gewährt sanft weite Schau,
Wolken ziehn in Schichten,
Horizont verschwimmt graublau,
vergessen alle Pflichten.

Wir entdecken Zeitverlust
mit diebisch frecher Freude.
Später Sommer wird bewusst:
Halt fest das Hier und Heute.

Rauschende Ostsee

Die Ostsee rauscht, warm weht der Wind.
Ich denk an Euch und schreib geschwind.
Sand und Wellen, hellbraun, grün,
der Himmel blau, Weißwölkchen ziehn.
Und mittendrin im Strandkorb: ich.
Endlich Urlaub, so für mich.

Mal stürz ich mich ins kühle Meer
und glaub, dass ich ein Seehund wär,
schmeck Meersalz auf der Zunge,
tank Seeluft in die Lunge.
Schön ist so ein Insel-Leben,
wenn Salz und Sand am Popo kleben.

DANK

Viele Ereignisse, Begegnungen und das Erleben unserer schönen Natur, mitten im »Paradies« – sowohl als Konstanzer Stadtteil bezeichnet als auch als Synonym für unsere einzigartige Heimat – gelegen am malerischen Bodensee und Rhein (Seerheinkilometer Null) – inspirieren kreative Menschen.

Diese stillen Corona-Jahre von 2020 bis 2023 gaben mir die Chance zur Verinnerlichung, zur besonderen Muße und damit auch zur poetischen Verarbeitung. So möge dieser vorliegende zweite Gedichtband noch zu einem Streiflicht des 2. Jahrzehnts des 21. Jahrhunderts werden.

Unter den zahlreichen wohlwollenden Begleitern darf ich zuerst meiner im März 2024 verstorbenen Frau Christa danken, die mir Kraft und Freiheit zur Gestaltung schenkte. Ein Dank geht ebenso an die inspirierende »Muetterschproch-Gsellschaft«, aber auch an so manch fachkundige Begleitung aus der literarischen Fachwelt. Dass der erste Band heute gerne schon zu »Vorlesestunden« in kleinen Kreisen genutzt wird, betrachte ich als Auszeichnung.

Stefan Roth sei gedankt für muntere Illustrationen, Frau Anja Sandmann vom GMEINER Verlag und erneut Frau Gisela Auchter für die kritisch konstruktive Begleitung aller neuen Texte.

Herrn Dr. Tobias Engelsing, Journalist und Direk-

tor der Konstanzer Museen, danke ich für das Vorwort
zu diesem Buch.

Wolfgang Müller-Fehrenbach
Im Sommer 2024

GLOSSAR

abe – herab, obe abe – von oben herab

Ahle – Wange an Wange schmusen

allefänzig – widerspenstig, frech

allheck, allhennepfitz – immer wieder hintereinander

anekeie – hinfallen

anenand – aneinander

babble – schwatzen

bätsche – einen Stubs versetzen

Beize – Kneipe

bigoscht, bigott – bei Gott

Bschnissel – Schnupfnase

Bomm – Baum

bloose – blasen

brinzle – urinieren

bugge – sich bücken

Däg – Tage

Datschel, Dätsch – Schlag, Klaps

detterle, dötterle – ahnen, ängstlich sein, es dämmert jemandem

devu – davon

dirt – dort

Dope – Finger

drimmlich – schwindlich

dunke – eintauchen

Dunnschdig – Donnerstag

du losch – du lässt

durenand – durcheinander

dusse – draußen

Ehrle – Ohren

Epfelmiesle – Apfelmus

etz – jetzt

federeweiß – gärender Saft

Fiddle – Hintern

s fischelet – es riecht nach Fisch

Gälrieble – Karotten

gnitz – pfiffig mit Schalk im Nacken, auch etwas hinterlistig

gosche – schwatzen

grien – grün

Grind – Kopf, Schädel

grumt – aufgeräumt

grusig – gruselig

Gschpane – Kumpel, Lebensgefährtin

gsund un gfräß – gesund und esslustig

Guckel – Tüte

Gundel – Gondel

heideneih, heideblitz – Ausdruck der Überraschung

Herdepfel – Kartoffeln

Hernle – Badeufer in Konstanz

Hoor – Haar

hintrefir – alles ganz durcheinander

ibersenne – übersehen

jucke – springen

keie – fallen

klä – klein

kratteweis – körbeweise

Kreiz – Kreuz

(wies) kunnt – wie es kommt

lommer – sein lassen

luegsch, luege – schauen

lupfe – heben

lose – hören, horchen

Mändig – Montag

mampfe – mit vollen Backen kauen

meichelet – modrig riechen

neschdig – unruhig im Bett liegen

nint – nichts

Nodle – Nadeln

onnre, onner – weibliche, männliche Person

Pflarre – großer Fleck

pfetze – zwicken, kneifen

Pschnüssel – Schnupfen

räs – gesalzen, scharf von Geschmack

ratz fatz – ruck zuck, Zug um Zug

Schlaule – Besserwisser

Schleck – eine gute Sache

schmecke – riechen

schnorre – schwatzen

Schnorre – Mund

Schnorrewackle – Vielschwätzer

Schone – Schonach im Schwarzwald

Schparre – spinnen, nicht ganz dicht

Schrage – Gestell

Schrputz – Spritzer

sell(e/er) – jene(r)

senne – sehen

Siech – listiger Mensch, auch mit bewunderndem Unterton

sott, sottsch – sollte

Stutz – Hartgeld, Schweizer Franken

sunsch – sonst

Suser – neuer gärender Wein

Tope – Finger, Abdruck auf glatter Fläche

Trottwa – Gehweg, Trottoir

Tschoole – einfältiger, gutmütiger Mensch

vedrille – verdrehen

Wackel – ausgehen und sich sehen lassen

e weng, wengele – ein wenig

wiescht – wüst

zepfe – eine Bierflasche öffnen und leertrinken

Zinke – große Nase

Zwibble – Zwiebel

Wolfgang Müller-Fehrenbach,
Bei uns im Süden
160 Seiten, 12 x 20 cm
Hardcover
ISBN 978-3-8392-2785-5
€ 20,00 [D] / € 20,60 [A]

Wolfgang Müller-Fehrenbach sieht seit vielen Jahren mit immer wachen Augen auf seine Konstanzer Umgebung und ihre Menschen, aber auch auf die großen Geschehnisse in der engeren Heimat und in der Welt. Was er beobachtet, formt sich bei ihm in Gedichte. Sie sind zutiefst human und voller Humor. Und immer steht am Ende ein »Aha«, das aufhorchen lässt oder auch nachdenklich stimmt. Durch seine vielfältigen Tätigkeiten in diversen Gremien, sein nimmermüdes Engagement für Kultur und Soziales, nicht zuletzt als Pädagoge, haben seine Gedichte durch seine Vorträge bei bestimmten Anlässen bereits einen gewissen Bekanntheits- und Beliebtheitsgrad. Jetzt legt er mit gut hundert Gedichten in See-alemannisch und Hochdeutsch sein Werk erstmals gedruckt vor. Ein Buch, das viel Lesespaß verspricht.